Frederick Soddy

LE RÔLE DE L'ARGENT

Ce qu'il devrait être, comparé à ce qu'il est devenu

Frederick Soddy
(1877-1956)

Chimiste anglais, lauréat du Prix Nobel de chimie en 1921

Le rôle de l'argent
Ce qu'il devrait être, comparé à ce qu'il est devenu

THE ROLE OF MONEY
What it should be contrasted with what it has become

Première édition, Londres : George Routledge & Sons Ltd, 1934

Traduit et publié par **Le Retour aux Sources**

www.leretourauxsources.com

PRÉFACE

Ce livre tente d'éclaircir le mystère de l'argent dans son aspect social. Alors que le système monétaire du monde entier est en plein chaos, ce mystère n'a jamais été aussi soigneusement entretenu qu'aujourd'hui. Et c'est d'autant plus curieux qu'il n'y a pas la moindre raison à ce mystère. Ce livre montrera ce qu'est aujourd'hui l'argent, ce qu'il fait et ce qu'il devrait faire. De là naîtra la reconnaissance de ce qui a toujours été le véritable rôle de l'argent. Le point de vue à partir duquel la plupart des livres sur l'argent moderne sont écrits a été inversé. Dans ce livre, le sujet n'est pas traité du point de vue des banquiers - comme on appelle ceux qui créent de loin la plus grande partie de l'argent - mais de celui du PUBLIC, qui doit actuellement céder des biens et des services de valeur aux banquiers en échange de l'argent qu'ils ont si habilement créé et qu'ils créent. C'est certainement ce que le public veut vraiment savoir sur l'argent.

Dix siècles avant la naissance du Christ, on reconnaissait à Athènes et à Sparte que l'une des prérogatives les plus importantes de l'État était le droit exclusif d'émettre de la monnaie. Il est curieux que l'on redécouvre seulement aujourd'hui la qualité unique de cette prérogative. Le "pouvoir de l'argent" qui a pu éclipser un gouvernement ostensiblement responsable, n'est pas le pouvoir de quelques ultrariches, mais n'est ni plus ni moins qu'une nouvelle technique destinée à créer et à détruire de l'argent en ajoutant et en retirant des chiffres dans les livres de comptes des banques, sans le moindre souci des intérêts de la communauté ou du rôle réel que l'argent devrait y jouer.

Les plus grands spécialistes de l'argent et, plus récemment, un très petit nombre d'historiens ont pris conscience de l'importance considérable de ce pouvoir ou de cette technique monétaire, et de la place clé qu'il occupe dans l'évolution des événements mondiaux à travers les âges. Dans ce livre, le mode d'approche et la philosophie de l'argent sont exposés à la lumière d'un groupe de nouvelles doctrines, auxquelles on donne collectivement le nom d'*ergosophie*, qui considèrent l'économie, la sociologie et l'histoire avec l'œil de l'ingénieur plutôt qu'avec celui de l'humaniste. Il s'intéresse moins aux détails des projets particuliers de réforme monétaire qui ont été préconisés qu'aux principes généraux auxquels, selon l'auteur, tout système monétaire doit finalement se conformer, s'il doit remplir le rôle qui lui revient en tant que mécanisme de distribution de la société. Permettre qu'il devienne une source de revenus pour les émetteurs privés, c'est créer, d'abord, une branche secrète et illicite du gouvernement et, enfin, une puissance rivale assez forte pour renverser, à terme, toutes les autres formes de gouvernement.

CHAPITRE I

LE CONTEXTE PHILOSOPHIQUE - ERGOSOPHIE

L'objectif

Quelque seize années se sont écoulées depuis la fin du grand événement qui a montré, aux yeux de tous, l'homme et ses dirigeants et mentors en puissance, impuissants face aux forces que leurs technologues avaient enchaînées en toute sécurité, mais que la guerre avait libérées. La conscience générale comprend clairement que la génération actuelle assiste à la naissance d'une ère nouvelle dictée par les progrès de la science physique, plutôt que de devoir quoi que ce soit à ceux qui, jusqu'à présent, ont été les plus virulents dans les débats ou les plus éminents dans les tentatives d'orientation des affaires. L'exaspération grandit à l'idée qu'une époque aussi splendide et porteuse des plus nobles promesses d'une vie généreuse soit entre des mains aussi mal informées et aussi incompétentes.

Le système monétaire est obsolète

Partout, les esprits réfléchis prennent conscience que notre époque contient des éléments qui ne sont pas compris ou contenus dans les règles de fonctionnement des anciens systèmes de gouvernement, d'économie, de sociologie ou même de religion, et qu'elle est due à de nouveaux principes qui doivent être introduits dans la base et qui ne peuvent en aucun cas être satisfaits par un changement dans la superstructure de la société. Ce qui est encore plus remarquable, et presque incroyable pour ceux qui étaient jusqu'à présent des voix perdues criant dans le désert, c'est le nombre croissant de personnes qui s'accordent à dire que c'est le système monétaire obsolète et dangereux qui est en premier lieu en cause. C'est cet ensemble de règles et de conventions entièrement empiriques et défaitistes, qui s'est développé parallèlement à l'expansion scientifique des moyens de vie, qui est responsable non seulement de la paralysie actuelle, mais aussi de la Grande Guerre elle-même. Tous s'accordent à reconnaître qu'ici au moins le changement est inévitable, le seul doute étant de savoir si une partie du système, qui par manque d'imagination quant à ce qui aurait pu être, est encore susceptible d'être décrite comme ayant "bien fonctionné dans le passé", peut survivre dans l'avenir.

Le présent ouvrage ne peut donc manquer d'être d'une importance fondamentale, s'il réussit à remplir sa fonction dans la série du *Nouveau Monde*, qui n'est rien moins que d'être un guide et une lampe pour ceux que le destin choisira pour être les nouveaux dirigeants des grands changements, bien que pas nécessairement violents, qui sont proches de nous. Lorsque la guerre a attiré l'attention de tous sur les graves dangers qui menacent une civilisation scientifique par l'immensité même des pouvoirs destructeurs que la science a mis entre les mains des nations. Ne pensant encore qu'en termes de force brute, l'écrivain entreprit un examen original des fondements physiques réels des conventions et des demi-vérités qui passent pour de l'économie, et en particulier de ceux qui sous-tendent le mécanisme de distribution, qui est, dans une civilisation monétaire, le système de l'argent. Sa conclusion la plus importante, sur laquelle les événements ultérieurs ne l'ont pas fait revenir, est que rien d'utile ne peut être fait tant qu'un système monétaire scientifique n'aura pas pris la place de celui qui est toujours en train de s'effondrer.

Le corollaire, cependant, n'est pas susceptible d'être populaire auprès de nos politiciens professionnels, du moins. Il s'agit du fait que, si une telle chose était faite, il n'y aurait pas besoin de beaucoup plus d'interférences arbitraires et de contrôle gouvernemental sur les activités essentielles des hommes dans la poursuite de leurs moyens de subsistance. En effet, de même qu'aujourd'hui personne sur mille ne comprend pourquoi le système monétaire existant a un tel pouvoir de nuisance, de même, s'il était corrigé de la manière décrite ici, personne sur mille n'aurait besoin de savoir ou, en fait, ne saurait, sauf par les conséquences, qu'il a été corrigé ou comment il a été corrigé. Car le but du présent ouvrage est de montrer comment le système monétaire peut être ramené à un système ayant exactement le même caractère que celui de nos poids et mesures standard.

Le point de vue de la Communauté

Il sera nécessaire d'approfondir la combinaison des circonstances qui font que ces questions sont à la fois si vitales pour la santé sociale et économique de la communauté et si complètement en dehors des modes de pensée qui appartiennent à l'individu et qui le guident dans ses affaires privées. Une grande partie de la difficulté est évidemment due à l'utilisation délibérée, jusqu'à présent, de termes courants dans des sens entièrement nouveaux et souvent opposés à ceux que l'on entend normalement, comme par exemple l'*argent liquide* et le *crédit*. Elle est également due en grande partie à une mauvaise compréhension de ce qui constitue indubitablement une richesse pour un individu, alors qu'il ne s'agit pas de l'individu mais de la communauté. C'est pourquoi l'étude technique de la monnaie fait appel de façon particulière à des pouvoirs de généralisation et, souvent, à l'inversion complète des idées relatives à l'individu. Ces facteurs ont malheureusement été complètement absents non seulement de ce que l'on appelle la science monétaire, mais aussi, dans une mesure égale et même plus importante, des systèmes fondamentaux de l'économie orthodoxe à laquelle la science monétaire appartient.

Les temps troublés que nous vivons ont vu naître, à partir d'un certain nombre de racines indépendantes et à première vue sans lien, un groupe de doctrines que l'on peut décrire en gros comme l'application des principes des sciences du monde matériel, de la physique et de la chimie, à l'économie et à la sociologie. Elles ont en commun d'être toutes dues à la pensée originale d'hommes de science - principalement des ingénieurs et des physiciens - plus intéressés et habitués à penser en termes de réalités physiques qu'en termes de conventions sociales ou juridiques, et peu concernés par les problèmes et les controverses de l'économie individuelle ou de classe, mais par la signification de grands principes généraux et totalement incontournables, en particulier les principes de l'énergétique, en ce qui concerne le bien-être de communautés entières tel qu'il est affecté par la production et la distribution des richesses.

Importance sociale de l'énergétique

De l'avis de l'auteur, en tout cas, ce nouveau développement promet d'être d'une importance beaucoup plus ultime et permanente pour la science du bien-être humain que l'incursion antérieure de la biologie au siècle dernier, qui a conduit à la doctrine de l'évolution. En effet, elle impose un cadre rigide de lois physiques fondamentales, s'appliquant aussi bien aux hommes qu'aux machines, dans lequel il n'y a vraiment rien de controversé. La principale critique d'un tel mode d'approche des questions sociologiques aurait été que les hommes ne sont pas des machines et qu'en économie, comme dans sa subdivision, l'argent, les facteurs et considérations psychologiques sont au moins d'une importance égale, voire supérieure, aux facteurs purement physiques.

Mais cet argument, à moins qu'il ne postule franchement une croyance dans les miracles physiques - dans le pouvoir de l'esprit humain de faire, s'il le veut, 2 2 + = 5 - quoi qu'il ait pu être autrefois, est aujourd'hui largement dépassé par l'extension des sciences exactes à ces domaines. Il n'y a pas, il n'y a jamais eu et il n'y aura peut-être jamais la moindre égalité d'importance entre le physique et le psychologique. Dans le domaine de la distribution, par exemple, ou de l'argent en tant que mécanisme de distribution, tout ce que la psychologie peut faire - et il en va de même pour la "banque" telle qu'elle est devenue - c'est de voler Pierre pour payer Paul.

Théorie énergétique de la richesse

L'un des principaux apports de ces doctrines est une théorie énergétique cohérente de la richesse et la distinction nette qui en résulte entre la richesse et la propriété d'une dette. Cela révèle beaucoup de choses incontestables concernant la menace d'effondrement de la civilisation scientifique moderne, pour lui donner son nom propre, bien qu'on l'appelle généralement à tort la civilisation capitaliste. Il est vrai que le "Capital", dans son sens physique propre, est sa caractéristique superficielle la plus distinctive. Mais dans ce sens, le capital est le produit non consommable de la consommation ou de la dépense irrévocable des richesses nécessaires pour préparer et rendre possibles les nouvelles méthodes de production. Grâce aux méthodes modernes de production d'énergie, il est beaucoup plus nécessaire qu'avec les anciennes méthodes. En outre, elle peut être échangée contre de nouvelles richesses, mais elle n'est pas transformable en richesses. Du point de vue de la communauté , le capital apparaît comme une dette plutôt que comme une richesse.

L'économie orthodoxe n'a jamais été autre chose que l'économie de classe des propriétaires de dettes. Si ses auteurs ont jamais tenté des applications sociales plus larges, ils se sont rendus tout simplement ridicules, comme lorsqu'ils attendaient solennellement que le millénaire arrive grâce à l'accumulation de tant de capital que tout le monde serait bien loti et à l'aise, probablement en vivant des intérêts de leurs dettes mutuelles. Dans le domaine du commerce international, jusqu'à longtemps après la guerre, le dicton selon lequel le maintien d'une balance commerciale favorable était essentiel à l'existence des nations fortes impliquait le maintien d'une balance défavorable pour les nations faibles. Il a été dit que ce pays était menacé de désastre s'il ne parvenait pas à maintenir le taux antérieur d'investissements étrangers - en retournant à l'étranger tout ce qu'il recevait sous forme d'intérêts et de fonds d'amortissement pour les investissements passés, et si possible plus que cela. Ce sont là de bonnes illustrations de la vision de la richesse fondée sur la dette et de la substitution des conventions sociales et juridiques à la réalité physique.

Ergosophie

Il convient de donner un nom au groupe de doctrines interconnectées mais plus ou moins indépendantes, regroupées sous des termes tels que l'économie cartésienne, physique ou nouvelle, l'énergétique sociale, l'ère de l'abondance et la technocratie, y compris les implications de ces doctrines, en ce qui concerne les problèmes de distribution et la nouvelle philosophie de l'argent, qui font l'objet d'un intérêt plus particulier dans ce livre. Un nouveau mot, Ergosophie, sera employé à cette fin. Il signifie la sagesse du travail, l'énergie ou la puissance, au sens purement physique. Les activités mentales ou intellectuelles, auxquelles ces trois termes sont souvent appliqués de manière approximative, sont mieux désignées par les termes d'effort, de diligence ou d'attention.

De nombreuses raisons rendent ce nouveau mot ou terme souhaitable. Jusqu'à présent, il n'y a pas eu de véritable philosophie sociale découlant entièrement des lois universellement respectées du monde physique. D'autre part, depuis les temps les plus reculés, la technologie a eu trop tendance à être considérée comme une sorte d'esclave ou de serviteur subalterne de philosophies et de religions humaines verbeuses, prétentieuses et impressionnistes. En effet, ce ne serait pas une caricature de la civilisation, telle qu'elle a évolué jusqu'à présent, que de la décrire comme ayant tenté de compenser l'injustice d'attribuer à Dieu les choses qui relèvent de la science en rendant à César les choses qui relèvent de Dieu. La technocratie, dans l'une au moins de ses sources d'inspiration, la suggestion de Thorstein Veblen d'établir un Soviet de techniciens pour prendre le contrôle du monde, est probablement l'un des premiers signes collectifs de cette malversation. Tant qu'il y aura des gens simples affichant un acquiescement pathétique à la piété qui rend grâce pour toutes les bonnes choses de la vie et les attribue à la générosité de la Providence, ainsi que des gens tout sauf simples qui ne croient pas du tout à ce genre de choses mais croient néanmoins implicitement à la pratique de méthodes beaucoup plus énergiques pour les obtenir, tant que la civilisation sera un terrain de chasse heureux pour les prédateurs et les acquéreurs et une terre sauvage pour les originaux et les créatifs. La nouvelle philosophie, en revendiquant pour la science mécanique sa juste place d'égale dans la trinité de la sagesse, devrait permettre de rendre à César ce qui est à César et à Dieu ce qui est à Dieu.

Richesse et calories

En premier lieu, l'ergosophie réhabilite avec un sens précis ce mot démodé et indispensable de *Richesse*, que l'économiste orthodoxe, connaissant encore moins l'objet supposé de ses études que les fondateurs originaux du sujet, les physiocrates français, prenait trop pour acquis. Pour lui, l'origine de la richesse était en quelque sorte divine et il en vint à considérer que l'acquisition de la richesse équivalait à sa création. Il est devenu obsédé par le commerce et les échanges mercantiles, au détriment des principes techniques qui sous-tendent toute nouvelle production de richesse. Aujourd'hui encore, nous sommes sous l'emprise d'un système mercantile qui dilapide dans la distribution la majeure partie de l'avantage obtenu en allégeant le travail de production de la richesse. Impliqué dans une masse d'incohérences évidentes, il semblait s'opposer à l'utilisation du terme "richesse" par ceux qui n'avaient pas été initiés à ses sophistications. Même les orthodoxes sont aujourd'hui extrêmement économes dans l'utilisation de ce mot. La discussion qui a eu lieu récemment dans les journaux sur le revenu nécessaire pour acheter, entre autres, suffisamment de nourriture pour soutenir une famille en bonne santé et au travail, possède une signification qui a peut-être été manquée. Toute la question tourne autour du nombre de calories d'énergie contenues dans la nourriture elle-même, ce qui doit être prouvé, si nécessaire, en la brûlant dans un calorimètre. C'est de l'économie, même si elle n'est pas encore reconnue comme telle.

Le marxisme est obsolète

Il ne faut jamais oublier que l'économie victorienne était essentiellement une économie de classe, dans laquelle ce n'est que progressivement et tardivement que les producteurs réels de richesses, distincts des employeurs et des propriétaires, ont été pris en compte. Mais la situation est pire et non meilleure dans les doctrines acceptées par les mouvements de gauche et révolutionnaires. Avec une reconnaissance plus claire des implications sociales de l'énergie, nos controverses politiques apparaissent principalement comme dues à des confusions économiques. A une époque où les hommes sont de plus en plus évincés de leur fonction de travailleurs physiques par des sources d'énergie purement inanimées et où ils risquent d'être largement évincés du cycle de production et de distribution par des mécanismes automatiques, il serait incroyable, si ce n'était pas vrai, qu'une si grande partie du monde soit présentée à tort comme dominée par les doctrines de Karl Marx selon lesquelles la richesse trouve son origine dans le travail *humain*. Tout artisan doit savoir que ce n'est pas le cas aujourd'hui. Les opinions de Marx sur la monnaie étaient encore plus dépassées, relativement à son âge, que ses opinions sur la richesse, et il est significatif, dans les témoignages présentés au Comité Macmillan, que les marxistes semblent avoir été les derniers à abandonner leur croyance primitive en l'or comme moyen de paiement et en l'étalon-or.

Relations entre les peuples et les gouvernements

Si, comme cela semble se produire, ces idées obsolètes et les doctrinaires qui les exploitent perdent rapidement leur emprise sur le public, et si un nombre croissant de personnes de toutes les nuances d'opinion politique s'éveillent aux révolutions plus fondamentales rendues inéluctables par les progrès de la science, il est possible d'anticiper pour ce pays et d'autres pays qui n'ont pas encore été dépassés par la révolution un cours très différent et plus raisonnable, bien que plus prosaïque, des événements de. Car ce n'est pas un progrès, après avoir déchargé la divinité de la fonction de pourvoyeur universel, d'établir le gouvernement à sa place. Veblen était beaucoup plus proche de la réalité en remplaçant le technologue. Dans les affaires économiques de la nation, au moins, il ne semblerait pas mauvais que les règles pratiques ordinaires des affaires soient suivies, le succès et l'honnêteté étant encouragés par la promotion, et l'incompétence et la corruption entraînant le licenciement, comme pour tout autre fonctionnaire rémunéré.

Interprétation physique des antécédents

L'histoire ne semble pas non plus pouvoir échapper à la même accusation que l'économie. Si, dans d'autres révolutions, nous étudions non pas les actions et les motifs proclamés haut et fort par les parties en présence, mais plutôt les fruits permanents et durables de la lutte, il n'y a que peu ou pas de ressemblance. Les historiens semblent accusés d'avoir enregistré ce qui aurait dû se passer selon leurs préconceptions philosophiques unilatérales, plutôt que ce qui s'est réellement passé. En fait, les factions politiques successives semblent avoir continué à s'annuler mutuellement jusqu'à ce que, par un processus d'élimination, les nouveaux facteurs du monde qui permettaient et, en fait, imposaient un mode de vie plus satisfaisant et plus intelligent, aient pu jouer plus librement. C'est alors, et alors seulement, que l'agitation s'est apaisée.

C'est du moins l'interprétation que fait de l'histoire Sydney A. Reeve, un ingénieur américain qui se consacre depuis trente ans à l'étude des grandes guerres et révolutions historiques du passé, du point de vue de l'énergétique sociale. Sa conclusion selon laquelle ces explosions terribles et dévastatrices auraient pu être évitées, et peuvent l'être à l'avenir, est évidemment d'une importance capitale dans l'état actuel du monde. Les aspirations humaines au progrès peuvent être considérées comme allant de soi. Même en cas d'éclipse totale, elles ne sont pas mortes, mais seulement latentes. Mais qu'elles puissent se réaliser au lieu d'une simple révolte passive ou active, vouée d'avance à l'inanité, c'est finalement une question de ressources physiques plutôt que d'attitudes psychiques des hommes. Sans l'abondance, d'autant plus indispensable que ces débordements sont destructeurs, les luttes les plus vaillantes et les plus héroïques sont vaines.

La vérité sur le "matérialisme"

Cela peut ressembler à un matérialisme sordide et sans relief, et peut résonner de manière inquiétante à l'oreille de beaucoup. Pourtant, rien d'autre que l'ignorance ou pire ne pourrait le faire croire. Il vaut mieux écouter ceux qui ont fait fleurir le désert comme une rose plutôt que ceux qui ont fait des champs de foire une boue de sang et de boue ; ceux qui ont puisé dans les étoiles la corne d'abondance qui a nourri Jupiter plutôt que ceux qui la vident dans les fleuves et le feu par peur de la surabondance ; à ceux qui veulent faire entrer la lumière et l'air dans les abris et combattre les maladies sociales par la nourriture et la chaleur plutôt que par les médicaments et les allocations ; à ceux qui attendent de déverser dans la vie la marée montante de la richesse plutôt que de la voir rompre ses digues et bondir à nouveau vers l'œuvre de destruction et de mort. N'est-il pas plutôt terrible que des hommes capables de faire tout cela soient considérés comme de simples mercenaires d'humanistes et d'idéalistes mal famés, et qu'ils ne soient pas censés se préoccuper de savoir s'ils sont engagés pour créer ou pour détruire ? Même les mules des États-Unis, lisons-nous, lorsque les charançons, spécialement importés à cet effet, n'ont pas réussi à détruire la récolte de coton pour éviter la "surproduction", ont refusé d'enfoncer dans la terre les plantes en croissance. Considérant que les hommes, disposant de ressources suffisantes pour construire une civilisation d'une magnificence et d'une libéralité que le monde n'a jamais connues, sont maintenant à bout d'imagination pour inventer de nouvelles formes de destruction et de gaspillage, de peur que cette nouvelle civilisation ne supplante l'ancienne.

L'origine physique du "progrès"

Certains ne verront dans l'ergosophie qu'un déterminisme économique poussé à l'extrême. Il est vrai que les calories sont royales en ce sens que rien ne peut arriver sans qu'elles soient dépensées en quantité suffisante, condition sur laquelle les humanistes préfèrent ne pas s'appesantir. Mais ce type de déterminisme, la nouvelle doctrine le déduit de lois qui ne découlent pas du tout de la vie, bien que toute la vie y obéisse. Que cela ne soit pas - ou du moins n'ait pas été - simplement banal et évident ressort clairement de l'opinion de Marx, à qui l'on attribue si largement la doctrine du déterminisme économique, quant à l'origine de la richesse. S'il avait supprimé le mot "humain" de sa définition de la richesse et avait dit que la richesse était née du travail, au sens où le physicien utilise le mot pour désigner le travail ou l'énergie, il aurait anticipé sur les opinions modernes. Au lieu de cela, il a qualifié le fondateur de cette généralisation, peut-être la plus grande de toutes les généralisations scientifiques, d'"abruti américain, le Yankee baronisé, Benjamin Thompson, *alias le* comte Rumford".

Bien qu'il ne s'agisse aujourd'hui que d'un truisme, il y a dans ces doctrines quelque chose de beaucoup plus positif que la simple exclusion ou subordination des facteurs humains et religieux de l'arbitrage ultime du destin des communautés. En ce qui concerne l'individu, il semble parfaitement libre d'utiliser ou non les possibilités offertes par les inventions et les découvertes afin d'alléger le travail et de multiplier les récompenses des moyens de subsistance. Mais ce libre arbitre ne s'étend nullement à sa capacité d'empêcher en permanence les autres de le faire. La théorie de Reeve sur les guerres et les révolutions est qu'elles naissent justement de cette tentative, qui est toujours en fin de compte infructueuse et désastreuse. Quel que soit le nom que l'on donne à ce nouveau point de vue, il implique clairement que le progrès humain est prédestiné par le bas, même s'il n'est pas initié par le haut. Dans le meilleur des cas, les hommes peuvent être conduits vers des modes de vie plus élevés, mais dans le pire des cas, ils sont poussés par l'arrière. Mais elle laisse la forme et la nature réelles du progrès humain aux autres membres de la trinité, le contenu biologique et psychique de l'époque qui peut exister à ce moment-là, comme n'étant pas de son ressort.

La doctrine de la lutte

Aussi désagréable et bouleversant que cela puisse paraître pour de nombreuses illusions chéries, c'est pourtant la clé qui correspond le mieux à notre époque, et personne ne le sait mieux que ceux qui ont essayé de répandre la nouvelle évangélisation. Comme l'a dit récemment un écrivain australien, nombreux sont ceux qui s'accrochent (pour les autres et non pour eux-mêmes) à la pauvreté, à l'insécurité, au dur labeur, au manque de moyens de subsistance, aux guerres, à la famine et à la maladie, comme à des bénédictions déguisées, nécessaires pour aiguillonner et soumettre cet animal paresseux et indiscipliné qu'est l'homme, et pour le protéger de la mollesse et de la décadence. C'est la doctrine de l'existence pour la lutte, plutôt que de la lutte pour l'existence, et c'est probablement la plus ancienne doctrine au monde. Elle pue l'Orient et non l'Occident. S'il est considéré comme une "nécessité biologique", l'impératif physique est encore plus catégorique. En effet, dans la lutte, l'homme ne peut plus exister - il ne peut que se détruire et être détruit. C'est assurément faire preuve d'une biologie assez rudimentaire que de supposer que l'homme, à ce stade de son évolution, devrait soudain renverser ses instincts et, par nécessité, se frapper la cervelle contre eux, étant donné que, depuis son apparition, la vie n'a fait qu'esquiver les impératifs physiques. En vérité, ces idées n'ont, comme l'écrivain australien a pris soin de le souligner, qu'une application par procuration, et la nécessité biologique de la mort pour l'individu reste la meilleure assurance pour la survie de l'espèce. Le problème est plutôt d'ordre éducatif : la race doit apprendre à se protéger efficacement contre ceux qui, instruits principalement par l'histoire des âges révolus de l'arc et des flèches, utiliseraient les armes titanesques de la science pour l'anéantissement de la race.

Il est vrai qu'à cette époque, les hommes ont pu être poussés par la famine à voler avec succès leurs voisins, mais, dans ce domaine, le progrès a été dû à la conquête de la nature et à la mise à l'écart des hommes. Quel que soit l'effet génique ultime de la Grande Guerre, il est généralement admis que la révolution française et les guerres napoléoniennes ont sensiblement réduit le physique moyen de la nation française et que les guerres actuelles, dans la mesure où un courage et une bravoure supérieurs sont beaucoup plus susceptibles de conduire à un anéantissement personnel rapide qu'à une survie ultime, sont définitivement et nécessairement dysgéniques. En revanche, là où le courage et l'endurance sont essentiels à la survie, dans l'exploration de la terre, de la mer et du ciel, et dans l'essai et l'apprivoisement de nouveaux procédés et appareils encore imparfaitement compris à l'usage des hommes, la science a fourni et fournit à la fois des occasions et des nécessités inévitables d'affronter et de surmonter des dangers qui auraient flétri la joue des héros légendaires de l'ancien temps. La faute, s'il y en a une, revient plutôt à nos poètes qui n'ont pas su immortaliser ces exploits comme il se doit, mais dans ce domaine, personne ne doute de l'immense supériorité des anciens sur nous qui, à bien d'autres égards, n'avons pas grand-chose à apprendre d'eux.

Guerres modernes et dettes nationales

En fait, les guerres ne sont-elles plus que des guerres de subsistance ? N'ont-elles pas pour but d'assurer des marchés où l'on puisse écouler les richesses excédentaires résultant de la production scientifique fonctionnant selon l'ancienne loi pratique des salaires ? (Par "loi pratique des salaires", on entend le système qui assure au travailleur un salaire juste suffisant pour le maintenir dans un état mental et physique lui permettant d'exercer efficacement son métier, son artisanat ou sa profession. Il s'agit, bien entendu, d'un héritage *direct* de l'ère de la pénurie). Pour parler franchement, le but des guerres est d'obliger les nations plus faibles à prendre ce surplus des mains des plus fortes, en s'endettant, si nécessaire, pour le payer. Ensuite, la menace d'une nouvelle guerre est nécessaire pour garantir que les dettes et leurs intérêts ne seront pas répudiés.

Les vraies luttes

La lutte pour l'existence se révèle aujourd'hui être fondamentalement une lutte pour l'énergie physique, et la conquête de la nature a mis à notre disposition des réserves qui dépassent largement ce que l'on peut extraire du corps involontaire des bêtes de trait et des esclaves. Ce n'est pas la lutte, mais l'énergie qui est essentielle à la vie humaine. La doctrine de l'existence pour la lutte, en revanche, est la plus ancienne religion du monde.

Elle n'a jamais été autre chose qu'une religion d'ambitieux, de dominateurs et de sans scrupules, qui s'arroge une supériorité de race ou de caste sur les races de l'extérieur ou le troupeau de l'intérieur, qui s'arroge le droit d'agir de manière perfide et préjudiciable envers les étrangers et ceux qu'elle juge de race inférieure et de limiter ses normes d'honneur et de décence à ceux de son propre sang ou de son propre ordre. C'est un code auquel le christianisme a résisté activement et passivement pendant deux mille ans. Ce fait n'est pas sans importance. En effet, il existe un lien étroit entre le progrès qui, sur le site , a abouti à l'ergosophie et la religion chrétienne. En effet, la première est à l'origine entièrement le produit des nations chrétiennes de l'Occident.

Le tabou de l'économie scientifique

Après la guerre, un appel a été lancé aux hommes de science pour qu'ils coopèrent avec les autorités financières, industrielles et politiques afin de résoudre les maux sociaux qui avaient provoqué la guerre et qui, depuis lors, ont fait de la paix une appellation erronée. Mais les conclusions étranges et non conventionnelles des quelques personnes qui avaient apporté aux problèmes sociaux la même recherche et la même pensée originale qu'ils avaient l'habitude d'appliquer à leurs propres enquêtes, effrayèrent, non pas le public, mais ceux dont l'intérêt pour de tels problèmes est de les garder réconciliés avec les choses telles qu'elles sont. Ceux qui persistaient à mettre en lumière les maux et les anomalies de la société étaient considérés comme impies, et les conclusions taboues. Mais c'est la plus grande folie de penser que, de nos jours, toute généralisation qui clarifie les grandes questions existantes peut être supprimée. Maintenant qu'il y a des signes que l'école de l'abondance des réformateurs monétaires est en train de gagner et que la conspiration du silence de la part de la presse "respectable" a échoué, nous pouvons en évaluer le coût. Quinze années d'occasions en or ont été gâchées, le temps ayant été consacré à l'exacerbation de la maladie. Des politiques dont tout le monde sait aujourd'hui qu'elles étaient exactement à l'opposé de ce qu'exigeaient les faits, telles que l'économie, ou le fait de produire plus et de consommer moins, ont abouti à leurs résultats inévitables. Le public est censé croire que les malheurs qui nous accablent sont des actes de Dieu et que, bien que nous disposions de la science, de l'équipement et de l'organisation nécessaires pour produire des richesses en abondance, l'homme n'est pas capable d'apprendre comment les distribuer. Il est vrai que le problème est nouveau et que son approche est obscurcie, souvent intentionnellement, par une masse de demi-vérités et d'anciennes vérités. Mais sa solution n'a pas été rendue plus proche ou plus claire par l'effort puéril de l'après-guerre pour supprimer la libre discussion publique des nouvelles doctrines, une question qui a été débattue et gagnée en science physique à l'époque de Galilée.

Les guerres et les révolutions sont le résultat de la richesse

Le lecteur pourra sans doute trouver lui-même de nombreuses confirmations frappantes de la théorie selon laquelle les guerres et les révolutions résultent non pas de la pauvreté et de la misère, mais de l'accroissement des richesses et de la tentative vaine de s'opposer à leur distribution. Mais deux d'entre elles, qui ont frappé l'esprit de l'auteur, peuvent être citées ici. La première concerne les causes immédiates et accessoires qui ont précipité la première révolution de Kerensky en Russie. Des Russes intelligents et impartiaux nous ont dit à l'époque qu'il ne s'agissait ni de la famine et de la pauvreté, ni des horreurs d'une défaite à la guerre, mais de deux démonstrations d'incompétence officielle si flagrantes qu'elles ont heurté les sentiments les plus profonds de la Russie. La première fut la conscription massive des paysans bien avant qu'il n'y ait des armes ou des casernes pour une petite fraction d'entre eux, et une grande partie mourut des conditions pestilentielles engendrées. Même d'un point de vue purement militaire, il aurait été de loin préférable de les laisser travailler dans leurs champs. D'autre part, la quasi-totalité de la récolte d'une saison de l'une des principales régions céréalières de Russie méridionale a été perdue au cours du transfert des barges à la tête de ligne parce qu'elle a été déversée à un endroit universellement connu pour sa vulnérabilité aux inondations soudaines de l'automne.

Dans l'introduction de son livre *Woman and Labour*, Olive Schreiner raconte comment elle en est venue à considérer comme presque axiomatique le fait que "les femmes d'aucune race ou classe ne se révolteront jamais ou ne tenteront jamais de provoquer un ajustement révolutionnaire de leur relation avec leur société, quelle que soit l'intensité de leur souffrance et quelle que soit la clarté de leur perception de celle-ci, tant que le bien-être et la persistance de leur société exigent leur soumission", elles le font, en bref, lorsque les nouvelles conditions font que l'acquiescement n'est plus nécessaire ou souhaitable.

Ce n'est pas la souffrance, mais la souffrance et la misère *inutiles* qui sont l'aiguillon du progrès humain. Ce dernier est précédé par le progrès matériel des inventions et des arts qui donnent aux hommes le pouvoir sur leur environnement, et heureuse est l'époque où, parallèlement à l'expansion des richesses, le progrès moral et spirituel est lui aussi précédé. Ce n'est pas une révolution, mais une renaissance. Ainsi, de nos jours, ce n'est pas l'agitateur qui fomente la haine de classe qui peut déclencher une révolution, ni les aviateurs qui font pleuvoir des bombes qui peuvent l'arrêter. Mais videz le lait dans le Potomac, importez des parasites pour détruire les récoltes de coton, brûlez le blé et le café comme combustible, limitez la production de caoutchouc, établissez des barrières tarifaires, autorisez les trusts, les fédérations, les cartels et les lock-out, permettez aux syndicats de mettre au point des méthodes astucieuses pour réduire la production, maintenez dans la misère, l'insécurité et l'oisiveté des masses de chômeurs qui ne sont pas autorisés à améliorer leur sort en fabriquant les choses mêmes dont ils ont besoin, et la révolution sous une forme ou une autre n'est pas probable, elle est certaine. Les idées qui gouvernent les hommes sont bafouées. Au lieu de quelques exemples frappants d'incompétence ou pire, ils commencent à voir le chaos universel au lieu de l'ordre. Leurs institutions, loin de les protéger dans leurs activités pacifiques dont ils dépendent pour vivre, semblent se liguer pour les maintenir dans une servitude traditionnelle et inutile et dans la dépendance. L'armée commence à se rendre compte qu'elle est commandée par l'ennemi.

Le système monétaire entrave les flux

De même, aucun moyen ne permettra de mettre fin ou de vaincre une telle révolution, qu'elle soit soudaine ou de longue durée, violente ou chronique, tant que les barrières qui s'opposent à la distribution libre et complète des richesses du producteur à l'utilisateur et au consommateur final ne seront pas brisées et que le flux des richesses ne remplira pas à nouveau le but pour lequel les hommes se sont efforcés de le créer. Étant donné que, dans toutes les civilisations monétaires, c'est l'argent qui, seul, permet l'échange des richesses et la circulation continue des biens et des services dans l'ensemble de la nation, l'argent est devenu l'élément vital de la communauté et, pour chaque individu, un véritable permis de vivre. Le système monétaire est le mécanisme de distribution, et cette lecture de l'histoire conforte donc jusqu'au bout les conclusions de ceux qui ont étudié spécialement ce qu'est devenu notre système monétaire. Il est la source première et infiniment plus importante de tous nos troubles sociaux et internationaux actuels et de l'échec, jusqu'à présent, de la démocratie.

Une connaissance très superficielle de notre système monétaire actuel montre très clairement que, sans que la démocratie le sache ou le permette, et sans que la question ne soit jamais soumise à l'électorat, même en tant que question politique secondaire ou mineure, le pouvoir d'émettre de l'argent a été retiré des mains de la nation et usurpé comme condition préalable par le prêteur d'argent. Pratiquement tous les réformateurs monétaires authentiques sont unanimes pour dire que le seul espoir de sécurité et de paix réside dans le fait que la nation reprenne instantanément sa prérogative sur l'émission de toutes les formes de monnaie, prérogative qu'elle n'a jamais abandonnée légalement.

CHAPITRE II

LA THÉORIE DE LA MONNAIE - LA RICHESSE VIRTUELLE

Qu'est-ce que l'argent ?

Commençons notre "étude" par une définition complète de ce qu'est l'argent moderne.

L'argent est aujourd'hui le RIEN QUE L'*on obtient* POUR QUELQUE CHOSE *avant de pouvoir obtenir* QUOI QUE CE SOIT.

Notre tâche consiste à comprendre tout ce que cela implique. La définition est, bien entendu, économique et se réfère à des transactions ordinaires telles que le gain, l'achat et la vente entre personnes ordinaires - les oncles généreux et autres bienfaiteurs volontaires n'étant pas envisagés - et le *rien*, le *quelque chose* et le *n'importe quoi* de la définition se réfèrent à des choses ayant une valeur réelle en elles-mêmes, généralement appelées biens et services, ou simplement richesse, à moins qu'il ne s'agisse de distinctions capillaires ou purement techniques tournant autour de la définition précise de la richesse. En outre, elle se réfère aux personnes ordinaires, au sens de celles qui n'ont ni l'occasion ni le pouvoir d'émettre de l'argent elles-mêmes.

En fait, cette définition ne répond pas seulement de manière exhaustive à ce qu'est l'argent aujourd'hui, mais aussi de manière parfaitement satisfaisante à tout ce que l'argent a toujours été, qu'il s'agisse de pièces de monnaie, de papier ou de toute autre forme. Du point de vue de son propriétaire ou de son possesseur, la monnaie est le crédit qu'il a établi en sa faveur auprès de la communauté dans laquelle elle a cours ou "cours légal", en ayant *renoncé* dans le passé à des biens et services de valeur pour rien, afin d'obtenir à sa convenance, dans l'avenir, une valeur équivalente pour rien. Il s'agit simplement d'un dispositif ingénieux pour garantir un paiement à l'avance et, dans une civilisation monétaire, les propriétaires de l'argent sont ceux qui ont payé à l'avance des valeurs marchandes définies de biens et de services achetables, sans les avoir encore reçus.

Il n'y a rien de mystérieux dans tout cela. Ce que l'on a appelé "le mystère moral du crédit", c'est-à-dire la monnaie de crédit, pourrait tout aussi bien être appelé le mystère immoral de la dette. Car il n'y a pas de crédit sans dette, pas plus qu'il n'y a de hauteur sans profondeur. L'Est sans l'Ouest, ou la chaleur sans le froid. Les deux sont liés, et bien qu'il suffise d'une personne pour posséder une richesse, il faut deux personnes pour posséder une dette, car pour chaque propriétaire, il y a un débiteur. L'argent, bien sûr, est une forme tout à fait particulière de la relation crédit-dette, ne serait-ce que parce que, alors que toutes les autres formes sont entièrement facultatives, le créancier étant en tout cas un agent libre d'entrer dans cette relation ou non, l'argent est une relation crédit-dette à laquelle personne ne peut effectivement échapper.

Commençons par bien comprendre les signes. Le propriétaire de l'*argent est le créancier* et l'émetteur de l'argent est le débiteur, car le propriétaire de l'argent cède des biens et des services à l'émetteur. Dans un système monétaire honnête, l'émetteur de monnaie qui obtient pour rien des biens et des services le fait en toute confiance pour le bénéfice de la communauté. Dans un système monétaire frauduleux, il le fait pour son propre bénéfice. Il est indifférent qu'il mette l'argent en circulation lui-même ou qu'il le prête à intérêt pour que d'autres le fassent à sa place. Dans tous les cas, ce qu'il obtient pour le dépenser ou le prêter est abandonné par quelqu'un d'autre. *Ex nihilo nihil fit.* Rien ne vient de rien ou, selon la terminologie moderne, la matière et l'énergie se conservent.

Troc et monnaies de troc

L'invention de la monnaie marque un net progrès dans la civilisation. Dans le troc, le propriétaire d'un bien le cède à un autre en échange d'un autre bien de valeur équivalente. L'argent a pu remplacer le troc non pas parce qu'il permettait d'obtenir les biens d'autrui sans rien céder, mais parce qu'on les avait déjà cédés dans une transaction antérieure et indépendante. Toutes les nuances par lesquelles la monnaie est passée au cours de son évolution, depuis le troc jusqu'au pur crédit (ou dette), ne concernent pas la chose initialement cédée pour elle, qui est l'élément essentiel de toutes ses formes. Il s'agit simplement de ce qui est reçu en échange. Cela peut aller de la valeur totale sous la forme d'une pièce d'or à un reçu papier sans valeur intrinsèque, et de nos jours, même pas cela. Pour diverses raisons alléguées sur , telles que la nécessité de faire circuler l'argent librement, que nous n'avons pas besoin de prendre au sérieux, il a été jugé nécessaire, au moins à certains stades de l'évolution de la monnaie, de rendre à celui qui donne quelque chose la pleine valeur équivalente en or ou en un autre métal précieux. Si cet équivalent prenait la forme d'un certain poids de poudre d'or, ou d'ailleurs de toute autre marchandise échangeable tout aussi commode, nous sommes en présence d'un cas de troc pur et simple, à ceci près que, selon toute probabilité, le destinataire du métal n'en avait généralement pas lui-même l'utilité et l'acceptait simplement comme une forme de paiement temporaire ou intermédiaire reconnue. Mais lorsque la pratique de la frappe de la monnaie est apparue et que des pièces de monnaie ont été émises, d'un poids et d'un titre précis, frappées d'un dessin, comme la tête du roi, indiquant l'autorité en vertu de laquelle elles étaient légalisées en tant que monnaie, non seulement un grand pas en avant a été fait, comme, par exemple, la commodité de compter sans avoir besoin d'utiliser des balances, mais il est tout à fait certain que le matériau dont la pièce était faite a ainsi été rendu inutile pour le propriétaire, tant que la pièce n'a pas été fondue. Dans cette limite, c'est-à-dire tant que la pièce reste intacte, ce type de monnaie, tout comme la monnaie de crédit ou de dette moderne, impliquait l'abandon de quelque chose pour rien, à moins que le plaisir de l'avare à se réjouir de son magot ne soit considéré comme une valeur économique. Il était également d'usage de considérer comme un délit de trahison le fait de dégrader l'effigie du souverain ou de porter atteinte à l'intégrité d'une pièce de monnaie, tout comme le fait de mettre en circulation une imitation contrefaite. Bien que ces dispositions aient pu avoir pour but d'empêcher le rognage, la transpiration, etc., elles donnaient force de loi à ce que nous considérons ici comme le critère essentiel commun à toute monnaie, à savoir l'abandon volontaire d'une chose utile ou précieuse pour le propriétaire *sans* contrepartie équivalente.

La monnaie fiduciaire

Dans le cas d'un billet de banque, il reste exactement ce qu'il était à l'origine, un reçu imprimé pour quelque chose donné en échange de rien. Dans le cas des premiers billets de banque britanniques, il s'agissait à la fois du reçu de la banque émettrice pour l'équivalent en or, volontairement cédé par le propriétaire à titre de prêt ou de garde, et de sa promesse de le rembourser sur demande. D'où l'origine de la légende *Promesse de paiement* qui figure sur nos billets actuels. Dans leur utilisation en tant que monnaie, la pièce d'or et le billet de papier sont sur un pied d'égalité, la seule différence étant que le second n'a pas d'autre fonction possible, alors que le premier, en étant détruit en tant que monnaie, peut revenir à une utilisation effective en tant que marchandise. Nous abordons ici deux considérations différentes qui sont souvent confondues : d'une part, ce qui donne à la monnaie une valeur d'échange définie et, d'autre part, la manière dont cette valeur d'échange peut être maintenue inchangée et la manière dont le propriétaire peut être protégé contre les pertes en cas de dépréciation de la valeur de la monnaie.

Une monnaie d'or ou d'argent de pleine valeur est protégée contre la dépréciation car elle peut être fondue, légalement ou non, et les lingots peuvent être échangés contre une valeur équivalente à celle qui a été donnée pour la monnaie au départ. En revanche, tout papier-monnaie "non garanti" est essentiellement un simple reçu ou une reconnaissance de dette et, si sa valeur d'échange est dépréciée, son propriétaire n'a aucun recours. Les professionnels de la monnaie ont pris l'habitude de dénigrer constamment le papier-monnaie, d'entretenir le souvenir de toute utilisation abusive de la presse à imprimer (qui, après tout, donne un reçu tangible au propriétaire pour ce qu'il a abandonné) et de prêcher les vertus de l'or tout en pratiquant eux-mêmes une alchimie qui n'a même pas nécessité la presse à imprimer. Mais pour un juge impartial, rien ne peut être aussi mauvais que le système qui s'est développé et a prospéré après qu'il soit devenu physiquement impossible d'augmenter l'offre d'or suffisamment rapidement pour suivre l'expansion de l'industrie, de sorte qu'il a fallu trouver un substitut à l'or en tant que monnaie.

"Banque-Crédit"

La chute continue et ruineuse du niveau des prix, si familière aujourd'hui, découle normalement des contrôles imposés à l'expansion naturelle de la monnaie, nécessaires pour suivre l'augmentation de la richesse à une époque de prospérité croissante. L'apparence de l'or a été préservée, mais le système était en réalité une fraude dorée. D'un misérable "support" d'or (d'abord avec, mais finalement sans l'aide d'aucun papier, ni l'émission d'aucun reçu au propriétaire pour ce qu'il a abandonné) est née une vaste superstructure de monnaie physiquement inexistante, créée par le "crédit bancaire". Si des reçus imprimés avaient été délivrés aux propriétaires, cela aurait mis dans l'ombre les pires exemples historiques d'avant-guerre d'abus de la presse à imprimer en période d'agitation et de difficultés politiques. Ce n'est pas l'émission de reçus en bonne et due forme qu'il faut attaquer, mais le fait d'obtenir pour rien, par l'émission de monnaie, plus que ce que le public est capable de donner en échange. Si l'impression de reçus, au lieu de donner de l'or pour ce que le propriétaire de l'argent donne pour de l'argent, est une pratique immorale, combien plus immoral est le fait de ne même pas donner de reçus ! Combien il est hypocrite de poursuivre le faussaire d'un faux billet, qui donne un faux reçu, pour trahison plutôt que pour vol, et de limiter strictement par une loi du Parlement les sommes que les banques sont autorisées à obtenir du public pour rien par l'émission de reçus tangibles, tout en leur permettant d'extraire à leur profit des sommes incomparablement plus grandes tant qu'elles ne reconnaissent pas du tout le reçu !

La question privée de l'argent

En permettant la création de monnaies privées, le Parlement a fondamentalement et peut-être irrémédiablement trahi la démocratie. Avant que la guerre ne jette une lumière pénétrante sur la nature des systèmes monétaires en général, il était habituel, même dans les travaux d'économistes apparemment respectables, de trouver des distinctions absolument malhonnêtes entre l'argent invisible ainsi créé et les billets de banque. Ces derniers étaient vraiment de l'argent et les premiers ne l'étaient pas ! En fait, le lecteur peut toujours savoir, dans ces ouvrages de référence sur le sujet, quand il s'approche de la partie douteuse de l'affaire. Le fait essentiel, la création de nouvelle monnaie, est obscurci par un nuage de justifications anticipées et de plaidoiries spéciales élaborées. Cela n'est même plus possible, et l'on peut s'estimer heureux de trouver aujourd'hui quelques auteurs techniques sur ce sujet malodorant qui se contentent d'énoncer les faits sans équivoque et de laisser le lecteur tirer ses propres conclusions.

Il est vrai que l'ancien système de crédit "basé sur l'or" empêchait la monnaie d'être progressivement et définitivement dépréciée par rapport à la valeur d'échange de l'or en la ramenant de force après qu'elle ait été dépréciée - en ajoutant au vol de Pierre pour payer Paul la ruine subséquente de Paul pour payer la banque. Aussi simples et bonnes soient-elles à bien des égards, les vraies monnaies d'or et d'argent impliquent une grande quantité d'efforts humains futiles dans la recherche des métaux précieux, qui sont alors instantanément rendus inutilisables pour toute application esthétique ou industrielle légitime. Mais ce n'est qu'un faux-semblant que d'attribuer de tels avantages, aussi solides soient-ils, à des systèmes modernes qui prétendent s'en inspirer, mais qui, en réalité, les utilisent brutalement pour redonner de la valeur à l'argent après qu'il a été dilué, au détriment des innocents et au profit des coupables.

Depuis plus d'un siècle, il n'y a tout simplement pas assez d'or et d'argent dans le monde pour répondre aux besoins d'une pure monnaie de troc. En ce qui concerne les conditions actuelles dans ce pays et ailleurs, depuis l'effondrement définitif de "l'étalon-or", nous sommes maintenant engagés dans une monnaie de crédit-dette presque pure, mais au lieu d'un étalon défini, nous sommes entrés dans une phase de "politique monétaire" dans laquelle le niveau des prix est modifié délibérément de temps en temps par juges irresponsables selon ce qu'ils conçoivent comme la "politique", et sans la moindre considération pour les principes élémentaires de justice et d'équité envers ceux qui possèdent l'argent, c'est-à-dire envers tous ceux qui ont renoncé à une valeur équivalente pour l'obtenir.

Politique monétaire

La politique monétaire serait mieux décrite comme une "politique des poids et mesures", car il s'agit simplement d'un moyen universel de jongler avec les normes de poids et de mesure. En dehors de la science métrique, personne ne s'intéresse vraiment à la valeur absolue de ces derniers. Leur utilisation économique est purement relative à l'argent - combien de livres de charbon pour une livre sterling, combien de pence pour une pinte de bière. Faire en sorte que la £ achète moins ou plus de livres ou de pintes revient, dans toutes les affaires économiques, à faire en sorte que la livre et la pinte pèsent et se mesurent moins ou plus qu'auparavant. Cela remplace les fausses balances et les récipients de mesure par un mécanisme d'escroquerie universel et inéluctable.

Nous vivons à une époque rendue grandiose par les sciences précises et il est vain d'essayer de lier encore notre argent au vieil attrait semi-idolâtre de l'or et de l'argent. Des livres pourraient être et ont été écrits pour et contre le système consistant à lier la valeur d'échange des marchandises à une seule marchandise, l'or, sans même tenter de répondre à la véritable question de savoir ce qui donne à l'argent sa valeur d'échange. Il est vrai que de simples monnaies de troc peuvent maintenir la valeur de la monnaie constante par rapport à l'or ou à l'argent. Mais cela n'a aucune signification en soi, à moins que l'on puisse trouver une réponse à la question suivante : qu'est-ce qui fixe la valeur de ces métaux relativement rares, dont l'utilisation est presque entièrement limitée à des fins de luxe, en termes de choses universellement nécessaires pour que la vie puisse continuer à exister ? Il est évident qu'il y a une question à laquelle il faut répondre lorsque nous traitons des formes pures de papier et de crédit de la monnaie, et il est presque aussi évident que la réponse ne peut être trouvée que dans ce qui est ici considéré comme la caractéristique essentielle de la monnaie en général, puisque c'est la seule caractéristique que cette forme de monnaie présente. On doit renoncer à autant de choses pour une livre sterling en papier que pour un souverain en or. Il n'y a pas de différence entre les deux types de monnaie sous cet aspect, et c'est donc cet aspect qui est le critère commun à toutes les formes de monnaie.

Ce qui donne de la valeur à l'argent

Sa valeur d'échange dépend, en fait, simplement de la quantité de richesse dont les gens préfèrent volontairement se passer plutôt que de la posséder. La valeur de l'argent dépend certes de la quantité d'argent que les gens désirent, mais le sens vague et confus de l'expression "les gens veulent de l'argent" oblige à ajouter "*au lieu de la* richesse". Dans les véritables transactions de prêt, quelle que soit leur nature, le prêteur *cède* le crédit qu'est l'argent à un autre qui le dépense à sa place, et dans l'économie nationale, ce n'est pas l'individu qui dépense l'argent mais le fait qu'il le dépense qui est important. Comme les gens n'empruntent pas de l'argent et ne paient pas d'intérêts sur cet argent uniquement pour le thésauriser, les notions de prêt et de dépense sont synonymes. En revanche, ce qui détermine la valeur de l'argent, c'est la quantité de richesses dont les gens préfèrent se passer, et c'est la même chose que la quantité de crédit qu'ils *conservent* en tant qu'argent.

Toute la phraséologie courante sur l'argent ne met l'accent que sur ce que l'on obtient en s'en débarrassant, au lieu de considérer préalablement ce que l'on abandonne en l'acquérant et en le conservant. Du premier point de vue, les demandes des gens sont insatiables ; du second point de vue, il serait plus juste de dire, à l'exception des malfaiteurs, que les gens en conservent aussi peu que possible. Ils en veulent autant en moyenne que ce qui leur permet de mener leurs activités et leurs affaires domestiques sans inconvénient ni embarras. Ils en veulent assez pour acheter ce qu'ils peuvent se permettre d'acheter au fur et à mesure de leurs besoins. S'ils ont plus que cela, ils le dépensent ou l'investissent. Dans l'un ou l'autre cas , ils imposent à quelqu'un d'autre la charge de se priver des choses qu'il achètera. Il est très important de reconnaître d'emblée que l'investissement est, dans ce contexte, une dépense au même titre que le prêt et pour la même raison. Le lecteur doit se rappeler que, dans cette enquête, l'attitude ordinaire de l'individu à l'égard de l'argent est supposée parfaitement comprise, et que ce n'est pas cet aspect, mais plutôt l'aspect communautaire de l'argent qui fait l'objet de l'enquête.

Deux principes monétaires fondamentaux

Deux considérations sont importantes à cet égard. La première est que l'achat, la vente, l'investissement, le prêt authentique et l'emprunt n'ont aucun effet sur la quantité d'argent - et c'est la quantité de richesse dont la communauté se prive - puisque ce qu'une personne obtient ou abandonne, une autre l'abandonne ou l'obtient. Quelqu'un, en d'autres termes, doit posséder tout l'argent tout le temps, et se priver de la substance pour l'ombre. Même si les individus semblent libres d'exercer leur choix, ils ne le sont que dans la mesure où les exigences des autres peuvent être le contraire ou le complément des leurs. Si, au sein de la communauté, l'achat l'emporte sur la vente, le niveau des prix augmente et la valeur de l'unité monétaire diminue. Si la vente prédomine sur l'achat, c'est l'inverse qui se produit. En supposant que la quantité de monnaie ne change pas, la première signifie que la communauté choisit de renoncer à moins de biens et de services que lorsque le niveau des prix ne change pas ; et la seconde qu'elle choisit de renoncer à plus de biens et de services.

Le deuxième point important est que, bien que les individus meurent et que leurs affaires soient liquidées, les communautés continuent indéfiniment. Par conséquent, dans un système monétaire, nous n'envisageons pas vraiment un abandon volontaire temporaire de quelque chose pour rien afin de répondre aux préférences et à la commodité de l'individu, mais, de la part de la communauté, une abstinence forcée de l'utilisation et de la propriété de biens et de services achetables dont le prix ou la valeur globale est égal à la quantité globale d'argent dans la communauté.

Richesse virtuelle

Cet ensemble de biens et de services échangeables dont la communauté se passe continuellement et en permanence (bien que les propriétaires *individuels* de monnaie puissent instantanément le demander et l'obtenir d'autres individus), l'auteur l'appelle la Richesse Virtuelle de la communauté. Elle fixe la valeur de l'agrégat monétaire quel qu'il soit. La valeur de chaque unité monétaire, telle que£ , en biens, ou ce que l'on appelle l'"indice des prix" ou le "niveau des prix", est donc la richesse virtuelle divisée par l'agrégat total de monnaie. Dans un système de monnaie de crédit, ce dernier peut être n'importe quoi, mais le premier est défini et dicté par la nécessité pour les gens de conserver suffisamment de crédit instantanément exerçable pour les biens et les services afin de leur permettre d'obtenir ce qu'ils veulent au moment où ils le veulent. Ils peuvent avoir une grande variété de Autres formes de crédit - biens, services, bijoux, investissements, biens immobiliers et propriétés - mais dans une civilisation monétaire, à la différence d'une civilisation pratiquant le troc, tous ces biens doivent d'abord être vendus à un acheteur, c'est-à-dire échangés contre le crédit qui est l'argent, avant que les gens puissent obtenir ce qu'ils désirent comme ils le désirent. En cela, la vente de services contre de l'argent est, bien sûr, plus généralement appelée gain (salaire, traitement, honoraires, commissions, etc.).

Le crédit communautaire

Ce qui est appelé ici par le nom spécial de *richesse virtuelle* est souvent visé par les réformateurs monétaires lorsqu'ils emploient le terme beaucoup plus large et plus général de crédit du public ou de la nation. En réalité, la richesse virtuelle est une partie spéciale et particulière du crédit de la nation. Le crédit d'une nation peut être, et pour l'essentiel est, en aucune manière différent de celui des individus, au sens ordinaire de leur capacité à s'endetter. Ainsi, la relation qui régit la dette nationale ordinaire est la même que si elle était due entre individus. La nation a utilisé ou dépensé son crédit à hauteur de sept ou huit milliards de livres en empruntant ces sommes à des citoyens individuels à des conditions diverses en ce qui concerne le paiement des intérêts et le remboursement, le cas échéant, dans le futur, et ces individus possèdent des dettes pour les sommes d'argent qu'ils ont habilité le gouvernement à dépenser à leur place. Ils remettent leur argent et le gouvernement s'achète des biens et des services.

La richesse virtuelle, en revanche, est le crédit établi par les individus auprès de la nation, grâce auquel, en premier lieu, la forme intermédiaire de paiement, l'argent, voit le jour. Elle est établie par la remise directe de biens et de services à l'émetteur de l'argent, remboursable en tant que tel non pas auprès de l'émetteur (à moins qu'il ne soit émis par la nation) mais auprès de la communauté sur demande, la dette ne portant pas intérêt pour le créancier, tant qu'il conserve le crédit et le droit de remboursement immédiat. L'intérêt, évidemment, ne peut être exigé que sur les dettes remboursables, le cas échéant, à une date future, et non sur celles dont le propriétaire peut être remboursé à tout moment mais choisit d'en différer le paiement.

La monnaie de crédit, une taxe

Mais, du point de vue de la collectivité, la monnaie de crédit est simplement une forme de prélèvement forcé ou d'impôt auquel il est impossible de résister, l'ensemble de ces créanciers n'ayant pas d'option en la matière, comme dans les autres formes de relation dette-crédit. Quiconque émet de la monnaie, qu'il s'agisse de l'État, d'une banque ou d'un faux-monnayeur, effectue un prélèvement forcé sur les biens et les services de la nation, auquel les créanciers existants, en leur qualité de propriétaires de la monnaie, renoncent par la réduction correspondante de la valeur de chaque unité de leur monnaie. Lorsque l'impôt, ou toute autre forme d'expropriation de la propriété des individus par l'État, a produit tout ce que ces derniers peuvent être contraints de céder, le dernier recours du collecteur d'impôts - et il est totalement inéluctable - est l'émission de nouvelle monnaie, et il peut être poursuivi jusqu'à ce que l'ensemble de la monnaie soit réduit à une valeur relative nulle. C'est ainsi, bien sûr, qu'après la guerre, les nations vaincues, la Russie, l'Allemagne et l'Autriche, ont augmenté leurs revenus quand aucun autre moyen n'était possible et, en même temps, ont répudié toutes les dettes préexistantes dans la mesure où elles étaient remboursables en argent.

Beaucoup, sans doute, jusqu'à ce qu'ils se familiarisent avec elle, mettront en doute l'utilité ou la nécessité de cette conception de la richesse virtuelle et soutiendront qu'elle n'explique pas vraiment la valeur de l'argent. Pour certains, elle peut sembler une inversion pittoresque et sophistiquée de l'usage courant. Il s'agit plutôt d'un premier pas vers le renversement de l'inversion induite dans les habitudes de pensée des gens qui considèrent l'argent comme le principal facteur défini et important, et la richesse qu'il permet d'acheter comme une conséquence ou une propriété inhérente à l'argent. C'est la richesse à laquelle tous les gens doivent involontairement renoncer et dont ils doivent se passer qui est le facteur principal qui confère à l'argent le pouvoir d'acheter. Si tous refusaient de se priver de quoi que ce soit pour de l'argent et réclamaient en échange toutes les richesses auxquelles ils ont légalement droit, il n'y aurait que des acheteurs, mais pas de vendeurs, et aucune richesse pour satisfaire ne serait-ce qu'un seul d'entre eux. Dans la mesure où l'argent peut incorporer ou être "adossé" à un matériau de valeur, qui peut être récupéré en le détruisant en tant qu'argent, il y a là de quoi les satisfaire, mais dans la mesure où il s'agit de pur argent de crédit, il n'y a absolument rien.

"L'argent" adossé

Si l'on considère une forme intermédiaire telle qu'un papier-monnaie "garanti" par un dépôt d'un certain type de titres légaux, alors derrière le type de dette qu'est l'argent, il y a un autre type de dette que le propriétaire actuel peut être légalement contraint d'abandonner. Cette dette peut alors être échangée contre la richesse dont le propriétaire a besoin, de la même manière, mais moins simplement, que l'argent. Mais dans ce cas, il serait toujours vrai de dire que la richesse à laquelle le propriétaire de l'argent a renoncé et pour laquelle il est redevable n'existe pas. En effet, les titres qui se cachent derrière ce type d'argent sont déjà en possession des propriétaires, et le processus n'est que l'expropriation forcée de leurs biens en recouvrement d'une dette répudiée. Pour reprendre les termes de Ruskin, "la racine et la règle de toute économie est que ce qu'une personne possède, une autre ne peut pas le posséder", et les pires bévues de l'économiste conventionnel ordinaire s'avéreront découler de la tentative, d'une manière ou d'une autre, de compter deux fois sur des biens à deux propriétaires, où, comme dans ce cas, les droits de l'un ne commencent qu'au moment où ceux de l'autre prennent fin.

L'argent est un droit sur ce qui n'existe pas

La caractéristique essentielle de la monnaie est, comme McLeod l'a parfaitement compris, qu'il s'agit d'une revendication légale de la richesse *au-delà de la* richesse existante, qui, dans une société individualiste, *est déjà* la propriété d'autres personnes indépendamment de cette revendication. Même dans le cas d'une pièce d'or portant l'empreinte de la nation ou de son dirigeant, il est tout à fait habituel et plus proche de la vérité de considérer l'or comme la propriété de la nation ou du dirigeant plutôt que du propriétaire individuel de la pièce. Ainsi, sans aucune exception réelle, nous arrivons à la conclusion qu'en plus de tous les biens existants, qui ont tous déjà des propriétaires, les propriétaires de monnaie possèdent des droits sur ce qu'ils ont abandonné, mais ce qu'ils ont abandonné n'existe pas en réalité. La meilleure analogie physique consiste à considérer la richesse d'une communauté comme étant calculée non pas à partir du zéro de "l'absence de richesse", mais à partir d'une ligne de référence négative située en dessous de ce zéro et correspondant au montant de la richesse virtuelle, tout comme, à des fins d'études spéciales, il peut être commode de calculer le niveau non pas à partir du niveau moyen de la mer, comme il est d'usage, mais à partir d'un niveau situé en dessous de ce niveau, comme, par exemple, le niveau le plus bas de la marée. Il n'y a pas de véritable mystère autour de l'argent, comme il y en a autour des phénomènes psychiques, mais simplement une sorte de mysticisme mathématique fallacieux introduit par l'invention dans le but de calculer des quantités négatives imaginaires qui sont tout à fait légitimes si l'on comprend la nature de la convention. Malheureusement, ce n'est pas le cas.

Le niveau de prix

En pratique, la richesse virtuelle est à chaque instant "mesurée" (*en valeur monétaire !*) par l'ensemble de l'argent. Si ce dernier est de mille millions, la communauté est et s'abstient volontairement de posséder des biens d'une valeur de mille millions qu'elle a le droit de posséder et qu'elle ne possède pas. Aujourd'hui, la quantité d'argent n'est pas stable. Elle est très variable d'une minute à l'autre de la journée de travail. D'une année à l'autre, elle peut varier arbitrairement de plusieurs centaines de millions pour répondre à une "politique" visant à augmenter ou à diminuer la valeur de l'unité. Mais ce n'est pas la richesse virtuelle qui change, c'est une quantité très conservatrice, car elle est dictée par les besoins et les habitudes des gens, qu'eux seuls peuvent changer. Mais la richesse virtuelle étant toujours divisée en un nombre plus ou moins grand d'unités, le niveau de prix ou la valeur de chaque unité varie proportionnellement à l'agrégat de l'argent, considéré comme un facteur opérant de manière indépendante. D'autre part, à notre époque d'expansion continue, il y a et il devrait y avoir, sur des périodes suffisamment longues, une appréciation progressive et constante de la valeur de la richesse virtuelle, à la fois en raison de l'augmentation de la population et de l'élévation du niveau de vie. Si, dans un système de monnaie de crédit, cette appréciation n'est pas suivie par l'émission d'une quantité correspondante de monnaie, nous avons la paralysie provoquée par une baisse continue du niveau des prix et la ruine des producteurs dans l'intérêt des rentiers.

Mais, comme nous le verrons plus loin, il est absolument essentiel pour atteindre cet objectif qu'il soit émis librement comme un don à la nation, qui cède gratuitement les biens et les services qu'il vaut, et seulement *après que* l'augmentation de la prospérité se soit produite, lorsque des biens sans argent pour les acheter sont effectivement en attente de vente. Si, comme par le passé, l'argent est émis comme une dette envers les banques pour que les producteurs achètent des biens et des services afin d'investir dans une nouvelle production, en plus de faire de l'émetteur de l'argent le roi incontesté, il ne peut pas être émis sans augmenter le niveau des prix. La preuve générale de de cette dernière conséquence est que l'on n'affecte pas d'un iota, par de simples astuces comptables impliquant des quantités négatives imaginaires, les processus physiques par lesquels de nouvelles richesses sont créées, mais seulement ceux par lesquels l'incidence de la distribution de la richesse existante entre ses différents ayants droit et propriétaires est effectuée. Il est étonnant, mais néanmoins tout à fait conforme à l'époque qui s'achève, que jusqu'à tout récemment, il était courant d'attribuer au "mystère moral du crédit" et aux vertus particulières du système bancaire britannique l'expansion de la richesse due à la croissance de la connaissance. C'est ainsi que les "orthodoxes" sont tombés dans l'erreur même qu'ils aimaient et aiment tant attribuer à d'autres réformateurs, notamment monétaires, à savoir l'absurdité de penser que tout le monde pouvait s'enrichir au moyen de la presse à imprimer et en "bricolant la monnaie".

L'argent du point de vue de l'émetteur

Jusqu'à présent, nous avons traité de la monnaie en tant qu'instrument public remplaçant le troc et nous avons retracé l'essence de l'invention en ce qu'elle permet à ceux qui ont des biens et des services à vendre de les céder librement pour rien avec l'assurance plus ou moins certaine que, en *contrepartie*, ils sont habilités à recevoir à leur tour des biens et des services dans les mêmes conditions de la part d'autres personnes, à mesure qu'ils en ont besoin. Il faut maintenant considérer l'argent du point de vue de ceux qui l'ont expliqué jusqu'à présent, pour qui l'argent est le *quelque chose* pour *rien* avant que quelqu'un puisse obtenir *quelque chose*, comme il l'est pour ceux qui l'émettent en premier lieu. Pour ces chanceux, le critère de ce qui est et de ce qui n'est pas vraiment de l'argent semblait dépendre de degrés fins d'acceptabilité générale. Habituellement, une ligne imaginaire était tracée entre le billet de banque et le chèque au motif que, bien que les deux soient en réalité des demandes d'argent adressées à la banque (ce qui, dans notre pays, n'est même plus vrai pour le premier), le billet de banque était devenu, par la coutume, généralement acceptable, quelle que soit la personne qui le présentait, alors que le chèque ne l'était que s'il était présenté par la personne à laquelle il était destiné ou par une autre personne autorisée par elle.

Tout cela, du point de vue du public qui utilise l'argent à des fins légitimes et passe la plus grande partie de sa vie à s'efforcer de ne pas en être privé, n'est que pur sophisme, tandis que du côté des universitaires, l'analyse est tout à fait superficielle. Depuis la guerre, il est rafraîchissant de constater que même les orthodoxes admettent que, même si l'on peut dire que le chèque n'est pas vraiment de l'argent, il est incontestable que les dépôts à la banque sur lesquels le chèque peut être tiré, et qui sont nés à la suite de l'invention du système des chèques, sont très certainement de l'argent. Grâce, sans doute, en partie à l'existence des réformateurs monétaires et au ridicule qu'ils ont jeté sur ces shibboleths qui sont ou étaient le fonds de commerce de leurs adversaires, mais, plus encore, aux bévues et confusions presque incroyables perpétrées depuis la guerre au nom de la "bonne finance", le grand public est aujourd'hui trop conscient de l'importance de l'argent dans la vie de tous les jours, le grand public est aujourd'hui trop conscient des intérêts diamétralement opposés de ceux qui vivent de la création et de la destruction de l'argent, et de ceux qui doivent l'acquérir pour pouvoir vivre, pour se laisser abuser plus longtemps par de telles dérobades.

L'argent n'est plus un jeton tangible

La distinction entre ce qui a une existence physique et tangible, comme les pièces et les billets, et ce qui n'en a pas, comme les dépôts bancaires, est extrêmement sinistre et dangereuse, mais il ne s'agit pas d'une distinction entre ce qui est de l'argent et ce qui n'en est pas. Un droit légal d'action contre une banque pour qu'elle fournisse de l'argent sur demande est, pour son propriétaire, aussi efficace que l'argent lui-même et généralement plus pratique. Il n'est pas très important que la banque soit en mesure d'annuler, par le système des chèques, la majeure partie des chèques tirés sur elle par rapport à ceux qui lui sont versés, de sorte qu'elle n'a plus besoin d'argent tangible, à l'exception de la différence entre les deux montants. Cela ne fait que remplacer un système automatique de comptabilité par des compteurs physiques par un système de comptabilité d'écritures qui est frauduleux parce que il ne commence pas à compter à partir de zéro mais à partir d'une valeur négative *qui varie continuellement.*

L'argent est un droit d'action contre la collectivité pour la fourniture de *biens et de services* ou, ce qui revient au même, pour l'acquittement de la dette contractée en les obtenant du vendeur, de sorte que le droit d'action contre une banque pour la fourniture d'argent sur demande est un droit d'action *contre la collectivité* pour la fourniture de biens et de services sur demande. Toute personne ordinaire sait évidemment que l'argent est une créance sur des biens et il est sans importance pratique que, en théorie, elle doive réclamer cette créance à une banque avant de pouvoir réclamer les biens. On pourrait tout aussi bien soutenir qu'une bicyclette laissée dans un vestiaire n'est pas une bicyclette mais un droit d'action contre la compagnie de chemin de fer pour qu'elle fournisse une bicyclette. La distinction très sinistre et dangereuse ne se réfère pas à l'aspect habituellement souligné, ni à celui souligné jusqu'à présent dans ce chapitre, mais plutôt à l'origine de l'argent et, s'il est détruit, à sa destruction.

La définition de la monnaie moderne avec laquelle nous avons commencé indique clairement qu'avant qu'elle ne puisse exister, quelqu'un doit céder quelque chose pour rien à l'émetteur de la monnaie en premier lieu, et l'ensemble que la communauté cède ainsi est appelé la richesse virtuelle de la communauté. Dans le cas d'une monnaie d'or ou d'argent de pleine valeur, l'émetteur doit également renoncer à la pleine valeur de la monnaie, mais il en fait, lorsqu'elle est utilisée comme monnaie, un simple jeton par ailleurs inutile, avec le résultat que tous les efforts déployés pour gagner les métaux précieux utilisés comme monnaie sont effectivement gaspillés. Mais dans l'émission de toute autre forme de monnaie, l'émetteur doit obtenir quelque chose gratuitement.

Passage du troc à la monnaie de crédit

Il est facile de s'en rendre compte si l'on suppose qu'une communauté pratiquant le troc ou utilisant une monnaie de troc en or pur passe soudainement à un système de crédit. Cela reviendrait à commencer à jouer à un jeu avec de l'argent avec une cagnotte commune, dans lequel chacun des joueurs, avant d'avoir le droit de jouer, devrait verser tant d'argent à la cagnotte, sauf qu'au lieu d'argent, dans un cas, des marchandises ou d'autres biens échangeables et dans l'autre cas, des pièces d'or, maintenant retirées et revenant à leur fonction initiale de marchandise, seraient versées à la cagnotte en échange de recettes sous la forme de la nouvelle monnaie de crédit-dette. En conséquence, le croupier, ou l'autorité en charge de la cagnotte, détiendrait en fiducie pour la communauté diverses formes de propriété équivalant à la richesse virtuelle de la communauté. Mais comme il n'y a aucune intention de liquider le système monétaire à l'avenir, il est évident que toute cette richesse réelle, égale à la richesse virtuelle en valeur, resterait en permanence dans la cagnotte. Si la communauté prospère et s'étend, la réserve aura naturellement tendance à croître plutôt qu'à diminuer, grâce à l'augmentation de la richesse virtuelle des personnes et à l'abandon de la richesse réelle équivalente en échange des reçus qui constituent l'argent. Elle ne peut diminuer que si la communauté diminue en nombre ou en bien-être, et elle ne peut être réduite à néant que si la communauté cesse d'exister.

Il se produirait alors la situation que la profession bancaire a d'abord découverte et gardée comme un secret de fabrication. Ils agissaient comme des croupiers et recevaient l'or du public qui leur était volontairement remis à titre de prêt ou de dépôt, et émettaient des billets qui étaient à la fois des reçus pour l'or cédé et des promesses de le rembourser à la demande. Ces billets ont ensuite commencé à circuler comme de la monnaie. Au début, pour chaque billet qui restait en circulation, l'or restait inutilisé dans les coffres et, en moyenne, les banques détenaient toujours une quantité d'or bien supérieure à celle qui suffisait à rembourser ceux qui, au lieu d'utiliser les billets pour payer leurs dettes, demandaient à la banque de leur restituer l'or. Cela n'a pas duré longtemps, car, naturellement, ils ont commencé à prêter une partie de l'or à des emprunteurs sûrs, moyennant un intérêt, et n'en ont gardé que la quantité nécessaire pour satisfaire leurs clients qui demandaient de l'or. La situation était alors la suivante : la banque devait à ses déposants plus d'or qu'elle ne pouvait en rembourser à tout moment, mais ceux à qui elle *avait* prêté de l'or lui en devaient autant et s'engageaient à le leur rendre à une date ultérieure. Mais cela n'a pas duré longtemps non plus.

Le faux pas

C'est cette étape suivante qui inaugure l'argent dans son sens moderne actuel, où il s'agit d'une invention essentiellement nouvelle, et toutes les étapes suivantes ne sont que des élaborations de l'original. En effet, les banquiers commencèrent bientôt à prêter non pas de l'or, mais leurs propres billets, ou des promesses de remboursement d'or que ni eux ni leurs déposants ne possédaient. Même s'il existait de l'or, il était la propriété et la possession d'autres personnes qui n'étaient pas du tout dans leur sphère d'activité. La situation était donc la suivante : en supposant qu'ils ne prêtaient que des billets et pas d'or, conservant ce dernier comme "garantie" pour leur émission de billets, ils devaient de l'or à hauteur des "dépôts" de leurs clients plus l'encours de l'émission de billets en circulation, qu'ils s'engageaient à rembourser en or s'il leur était restitué, et qu'en contrepartie de la dette, ils détenaient les garanties en or dans leurs coffres et les titres ou "collatéraux" de leurs emprunteurs, c'est-à-dire de ceux à qui ils avaient prêté des billets (promesses de payer de l'or), mais dont, naturellement, ils auraient dû accepter leurs propres billets en remboursement de la dette s'ils leur avaient été présentés au lieu de l'or.

Telle est l'origine de l'argent moderne : rien contre quelque chose de la part de l'utilisateur légitime ; quelque chose contre rien de la part de l'émetteur ; et quelque chose contre une promesse de remboursement de la part de l'emprunteur, avec une garantie suffisante, à qui l'émetteur a transféré l'acquisition de la chose découlant *gracieusement* de l'émission. Tout cela est très facile à comprendre du point de vue de la richesse virtuelle et de la nécessité pour l'ensemble des individus de la communauté de céder pour rien et d'être redevable en permanence d'une partie de leurs biens s'ils veulent éviter le troc ou une monnaie de troc. Si, dès le début, la création de la monnaie avait été préservée, comme elle aurait dû l'être, en tant que prérogative de l'État, l'histoire mouvementée des deux derniers siècles et la dissociation imminente de toute la civilisation occidentale n'auraient jamais eu lieu. Mais seul le banquier connaissait cet aspect de l'argent, et il l'a longtemps gardé comme le grand secret de son métier. Mais ce n'est plus un secret.

Pourquoi était-ce faux ?

Pourquoi est-il si vital pour la sécurité du royaume que la monnaie, et en particulier la monnaie de crédit, soit la prérogative de la Couronne, en tant qu'autorité centrale représentant l'ensemble de la nation ? Les raisons sont nombreuses, mais la plus fondamentale apparaît de loin si l'on considère à nouveau l'étape ci-dessus, qui représente l'invention de la monnaie moderne au sens défini. Une nouvelle monnaie a été créée par les banques grâce aux personnes engagées dans l'industrie qui ont contracté des dettes envers les banques *et qui ne peuvent être remboursées qu'en détruisant cette monnaie*, car il n'y a rien d'autre pour la rembourser. Lorsque les emprunteurs des banques doivent rembourser, ils doivent trouver soit de l'or, qui, pour autant que les banquiers le sachent ou s'en soucient, n'a pas d'existence physique, soit les propres billets des banquiers. Or, ces billets n'ont pas été donnés. Le montant de l'émission est le montant dû à la banque. L'émission d'argent frais crée une dette envers la banque et le remboursement de cette dette détruit à nouveau de l'argent. Il est clair que bien avant qu'une grande partie puisse être remboursée, il y aura une pénurie d'argent et tous les débiteurs restants seront physiquement incapables d'obtenir de l'argent, c'est-à-dire de vendre leurs produits ou leurs manufactures à n'importe quel prix.

Le banquier en tant que dirigeant

C'est de cette invention que date l'ère moderne du banquier en tant que dirigeant. Par la suite, le monde entier était à sa disposition. Grâce au travail de scientifiques purs, les lois de la conservation de la matière et de l'énergie ont été établies et de nouveaux modes de vie ont été créés, qui dépendaient du refus méprisant d'aspirations aussi primitives et puériles que le mouvement perpétuel et la possibilité d'obtenir quelque chose pour rien. Toute la merveilleuse civilisation qui a jailli de cette base physique a été remise, sous clé, à ceux qui ne pouvaient pas donner et n'ont pas donné au monde ne serait-ce qu'un petit pain sans d'abord le voler à quelqu'un d'autre. L'industrie et l'agriculture, qui produisent la richesse positive grâce à laquelle les communautés vivent, ne peuvent se développer qu'en s'endettant de plus en plus auprès des banques. Elles ont été réduites à une servitude permanente et inéluctable par une forme subtile et utile de comptabilité qui continue à compter en dessous du niveau auquel il y a quelque chose à compter. Les habiles créateurs de richesse sont maintenant devenus des scieurs de bois et des tireurs d'eau pour les créateurs de dette, qui ont fait en secret exactement ce qu'ils ont condamné en public comme étant de la finance bancale et immorale et ont toujours refusé de permettre aux gouvernements et aux nations de le faire ouvertement et de manière transparente. Il s'agit là, sans exagération, de la farce la plus gargantuesque que l'histoire ait jamais mise en scène.

Les bénéfices de l'émission de monnaie

Nous avons laissé notre communauté hypothétique passer soudainement du troc à la monnaie de crédit-dette, avec l'autorité centrale d'émission en possession de l'or et d'autres biens de valeur égale à la richesse virtuelle de la communauté, et cette dernière en possession des reçus pour ce qu'elle a abandonné et qui doit lui servir à l'avenir et pour toujours de monnaie. Il est évident que l'ensemble des biens de valeur en possession de l'émetteur ne peut pas, en pratique, servir de "garantie" à la monnaie. S'ils n'étaient pas utilisés, tous ces biens, à l'exception de l'or et des bijoux, pourriraient. Comme il n'y a pas assez de ces formes impérissables de richesse pour servir de monnaie, il est inutile de reléguer tout ce qui existe au gaspillage total de l'incarcération permanente dans des chambres fortes et des coffres-forts, comme garantie partielle d'une dette qui ne pourra jamais être remboursée, sauf si la communauté revient au système primitif de troc qu'elle a dépassé. Il suffit de faire preuve de bon sens pour suggérer que tout cela devrait être utilisé immédiatement pour les besoins généraux de la communauté en défrayant une partie des dépenses publiques nécessaires à partir de cette réserve, qui devraient autrement être couvertes par l'impôt. Plus la richesse virtuelle de la communauté s'accroît, plus elle doit céder de richesses pour les nouveaux fonds dont elle a besoin devraient également être consacrés au même objectif.

Beaucoup de personnes qui commencent l'étude de l'argent surestiment les montants que l'on peut obtenir de la communauté pour rien en l'émettant. Il est même suggéré que l'impôt pourrait être entièrement couvert de cette manière et qu'il en resterait encore un peu pour la distribution gratuite ! Mais les sommes ainsi obtenues à *titre gracieux* ne sont pas de nature à mettre dans l'embarras un gouvernement moderne ! Bien qu'elles soient importantes du point de vue de l'individu, elles sont minimes par rapport à l'ampleur des dépenses nationales. De vifs espoirs ont été entretenus dans de nombreux milieux pour assurer des dividendes nationaux à partir de cette nouvelle monnaie, mais ils semblent dépendre d'erreurs simples quant à la nature d'un système monétaire réel, ou même concevable. Toute quantité donnée de monnaie continuera normalement à distribuer des biens et des services *pour toujours* à un taux constant si le niveau des prix reste inchangé, de sorte que la quantité totale de biens et de services qu'elle transmettra de la production à la consommation et à l'utilisation est illimitée. Aucune nouvelle monnaie ne peut être émise tant que le taux de production n'a pas augmenté. Ce n'est que lorsque *le taux de* production et de consommation augmente, c'est-à-dire lorsque les quantités de richesses produites et consommées par an, ou dans toute autre unité de temps, augmentent, qu'il faut émettre proportionnellement plus de monnaie pour que le niveau des prix reste inchangé.

L'argent est indestructible sans expropriation

Il est absurde de penser qu'il peut être détruit "lorsqu'il a fait son travail". Il ne peut être détruit sans que son propriétaire ne soit exproprié de son droit aux biens et aux services. La facilité avec laquelle les banques peuvent détruire de l'argent et en créer dépend du fait que cet argent n'est pas donné du tout, mais seulement prêté, et que l'argent de crédit qui a été créé pour l'emprunteur lui est automatiquement exproprié à nouveau et disparaît de l'existence lorsqu'il rembourse le prêt. Alors que la suggestion de payer des dividendes nationaux à partir de ces crédits n'envisage pas du tout de prêter de l'argent mais de le donner, et de telles créances sur la richesse ne peuvent être détruites à nouveau que par l'impôt ou une autre forme d'expropriation, obligeant le propriétaire à abandonner à la destruction l'argent ainsi émis. Il est tout à fait étonnant de voir à quel point certaines personnes sont encore prêtes à croire à la magie.

On ne prétend pas, bien sûr, que les bénéfices de l'émission de nouvelle monnaie ne pourraient pas être distribués aux consommateurs sous forme de dividende national, mais simplement que les montants ne seraient guère utiles, étant donné que pratiquement chaque consommateur paie déjà beaucoup plus d'impôts qu'il ne peut espérer recevoir d'une telle source. Il semblerait plus naturel d'utiliser les bénéfices de l'émission de nouvelle monnaie de crédit pour le soulagement général du contribuable. Mais les quantités totales de monnaie qui ont été émises à titre privé dans le passé, si elles étaient maintenant appliquées au soulagement du contribuable, entraîneraient une réduction très utile de son fardeau, de l'ordre de£ 2 par habitant et par an. Une fois cela fait, les montants annuels supplémentaires qui seraient nécessaires dans ce pays, s'ils étaient distribués, soit en tant qu'aide aux contribuables, soit en tant que dividende national, ne pourraient guère dépasser quelques shillings par habitant et par an, c'est-à-dire si le niveau des prix n'est pas augmenté. Si le niveau des prix n'est pas maintenu constant, mais autorisé à augmenter continuellement jusqu'à ce que l'argent devienne sans valeur, alors, bien sûr, il n'y a aucune limite à la quantité d'argent qui peut être distribuée en tant que dividende national, ou émise en lieu et place de l'imposition. Mais il est aujourd'hui absurde de prétendre qu'il est possible d'émettre un dividende national valable et d'empêcher les prix d'augmenter par des dispositions légales. En effet, tout ce qui est ainsi obtenu *gratuitement* doit être exactement pris en compte dans la nouvelle économie par ceux qui s'en passent, c'est-à-dire par ceux qui *conservent* sans le dépenser plus d'argent qu'auparavant du fait de la quantité supplémentaire émise.

Ils doivent le faire de toute façon, mais la question de savoir si cela signifie qu'ils abandonnent volontairement plus de richesse qu'auparavant pour cela est entièrement une question de niveau de prix. S'ils ne peuvent pas se permettre de le faire, le niveau des prix augmentera et l'argent perdra de sa valeur.

CHAPITRE III

L'ÉVOLUTION DE LA MONNAIE MODERNE

L'origine du chèque

L'invention du chèque est antérieure à celle du billet de banque, qui était à l'origine une promesse de payer de l'or sur demande. Les marchands qui avaient déposé de l'or chez les orfèvres, à l'origine de la "banque" comme on l'appelle encore, avaient l'habitude de rédiger un ordre ou une instruction leur demandant de remettre une certaine quantité d'or à une autre personne qu'eux-mêmes, nommée dans l'ordre, qui, sur présentation et endossement de l'ordre comme preuve de son exécution, recevait cette somme. Il s'agissait d'un moyen de régler les comptes avec les créanciers en ordonnant au gardien des fonds des débiteurs de les régler sans que les débiteurs n'aient besoin de sortir eux-mêmes l'argent, ce qui est exactement analogue au chèque moderne.

Dès le début, cependant, les banquiers ont développé le billet de banque, car il s'agissait d'un moyen puissant de répandre leur réputation d'honnêteté et de fiabilité dans l'ensemble de la communauté. Les gens, constatant qu'ils pouvaient toujours, s'ils le souhaitaient, échanger les billets de banque à la banque contre de l'or, prirent l'habitude de les accepter, quel que soit l'acheteur, et de ne pas les échanger contre de l'or à la banque, sauf pour des raisons particulières, comme un voyage à l'étranger, alors que le nom du tireur d'un chèque n'était connu que de relativement peu de personnes et n'avait donc pas le même degré d'acceptation générale que le billet en tant que forme de monnaie. L'honnêteté et la fiabilité signifiaient alors la capacité de donner de l'or pour du papier chaque fois qu'on le demandait. À l'époque, c'était ce qui comptait le plus, et il ne fait aucun doute que le premier banquier a été un bienfaiteur social en inventant un moyen d'échange crédible lorsque l'or ne suffisait plus. Ce type de banquier à l'ancienne serait consterné par le terrible pouvoir qu'il a placé entre des mains moins scrupuleuses.

Il était dans l'intérêt direct des banques de veiller à ce que les imitations contrefaites de leurs billets soient rapidement détectées et retirées de la circulation, et que ceux qui les émettaient soient traqués et sévèrement punis pour avoir fait, comme cela apparaît maintenant, quelque chose de beaucoup moins dangereux socialement dans ses conséquences ultimes que ce que les banquiers faisaient eux-mêmes. Mais à ce stade de l'évolution de la monnaie, l'impossibilité physique de rembourser les dettes qu'ils avaient pris soin de créer à cette fin n'était pas comprise, et le public était encore fermement convaincu que la convertibilité du papier en sa valeur nominale en métal précieux constituait la monnaie fiduciaire. Or, le papier lui-même était de la monnaie parce que son propriétaire avait renoncé à la valeur des biens et des services pour l'acquérir, et qu'il avait donc droit à une valeur équivalente en échange. Cependant, l'ensemble des intérêts monétaires ont continué, par tous les moyens dont ils disposaient et qui étaient de plus en plus puissants, à propager l'autre point de vue. C'est pourquoi les politiciens et eux-mêmes pensaient qu'il y aurait un tollé lorsque, au début de la guerre, est entré en vigueur le plan visant à rappeler tout l'or et à le remplacer par une monnaie de crédit pure. Mais il n'y a eu aucun tollé, la plupart des gens préférant en fait utiliser les nouveaux billets en papier plutôt que les souverains en or. Il n'y a pas eu non plus de justification, du point de vue des préjugés du public , pour les efforts persistants et ruineux de l'après-guerre en vue de revenir à l'or. Ce que le public veut, c'est un indice des prix constant, de sorte que la valeur de la monnaie reste stable dans les biens et les services. Comme nous le verrons, ils ne peuvent pas l'obtenir sans détruire le système bancaire tel qu'il est compris aujourd'hui. Ici, comme toujours, il faut faire une distinction très nette entre les intérêts du public et ceux de ses véritables dirigeants ; et jusqu'à présent, la démocratie n'a jamais eu un gouvernement qui pouvait se fier à lui-même pour gouverner indépendamment de la puissance monétaire.

Réglementation gouvernementale de la "banque"

Mais si, dans l'intérêt des banques, le public était soigneusement protégé contre le faux-monnayeur, il n'était pas protégé contre l'incapacité des banques à rembourser leurs promesses impossibles, qui devint si fréquente et causa une ruine si étendue que l'ensemble du système monétaire dans cette phase de transition fut mis en péril. Il y avait de nombreuses raisons à cela. Le gouvernement, ayant permis en premier lieu aux banques d'usurper leur prérogative de créer de la monnaie, au lieu de la créer lui-même, essaya par tous les moyens possibles de les gêner et de les contrecarrer. Du moins, en ce qui concerne les banques de campagne et les banques commerciales, elles étaient méfiantes et hostiles aux innovations qui semblaient aller à l'encontre des normes ordinaires de la moralité commerciale et constituer une nouvelle forme de contrefaçon. Mais en ce qui les concerne, elles agissent différemment. Au lieu d'émettre eux-mêmes suffisamment de monnaie, ils ont de plus en plus favorisé et autorisé une banque, la Banque d'Angleterre, à agir en leur nom en échange de la collecte de revenus pour les besoins du gouvernement. Cette banque a été fondée en 1694 sous le règne de Guillaume III, sur le modèle des banques italiennes antérieures, pour fournir des fonds au gouvernement, et elle a prêté de l'argent à intérêt d'abord en échange de l'autorisation d'émettre des billets d'un montant égal, et a été bientôt récompensée par un monopole d'émission de billets, remboursable en pièces d'or sur demande, qui a duré jusqu'en 1709. Depuis sa création jusqu'à ce jour, elle n'a jamais été une banque de la nation anglaise, mais une banque destinée à fournir au gouvernement de l'argent principalement pour les dépenses de guerre - une arme que le gouvernement peut utiliser, et qu'il utilise, contre le peuple. Mais de ce que l'on appelle une banque de banquiers, elle est devenue aujourd'hui presque le gouvernement du gouvernement.

En dehors de cet objectif, la réglementation de l'État en matière de "banque" a été restrictive. Destinée à protéger le public contre l'escroquerie de banques malhonnêtes et sans substance, elle a rendu la position des banquiers honnêtes et socialement responsables si précaire que leur faillite et la ruine des marchands et des commerçants qui en découle sont devenues presque inévitables. Cette politique a culminé avec la loi sur la charte bancaire de Sir Robert Peel de 1844, qui a théoriquement fixé le système monétaire de ce pays jusqu'à la guerre, mais à travers laquelle les banques ont rapidement découvert qu'elles pouvaient conduire un carrosse et quatre voitures. Cette loi limitait et, en fin de compte, supprimait l'émission de billets de banque en Angleterre, sauf par la Banque d'Angleterre, en limitant l'émission de cette dernière à quatorze millions au-dessus de la réserve d'or (l'émission dite fiduciaire, parce qu'elle était censée être fondée sur la confiance du public plutôt que sur ses besoins). Cette mesure a effectivement freiné l'expansion de la monnaie fiduciaire et le résultat a été que le chèque, d'abord secrètement, a pris la place du billet comme moyen de créer de la nouvelle monnaie et est rapidement devenu la forme prépondérante du crédit comme moyen d'échange.

Prêt de chéquiers

Au lieu d'imprimer et de prêter des billets, une création monétaire évidente, cette forme d'émission beaucoup plus insidieuse et dangereuse s'est développée. L'emprunteur sans argent était autorisé à tirer des chèques comme s'il avait de l'argent et à créer un découvert à la banque. Le bilan de la banque était falsifié afin qu'il reste équilibré. En effet, d'un côté, le particulier était crédité de la somme limite jusqu'à laquelle il était autorisé à faire un découvert et, de l'autre côté, la même somme était due à la banque en tant que dette du particulier. Naturellement, comme toujours, une garantie substantielle ou "collatéral" devait être déposée auprès de la banque avant que le privilège ne soit accordé, d'une valeur considérablement plus élevée que le montant du découvert, afin de fournir une marge de sécurité suffisante à la banque. En cas de défaillance du débiteur, une vente forcée de la garantie permettait de récupérer auprès du public les sommes qu'il avait été autorisé à mettre en circulation en raison de son découvert. Dans de telles circonstances, on ne peut s'attendre à ce que le titre atteigne sa valeur réelle. Comme, en outre, de telles liquidations se produisent en période de faillite, lorsque l'argent est rare et les prix bas, alors que les "prêts" sont demandés en période de prospérité, lorsque l'argent est abondant et les prix élevés, les banques ont ainsi pu acquérir des titres de valeur à des prix de vente forcée. Elles n'ont eu qu'à conserver ces titres jusqu'à ce que la "confiance" revienne, lorsqu'elles ont réémis l'argent qu'elles avaient rappelé pour qu'il soit à nouveau abondant, pour en tirer beaucoup plus que ce qu'ils avaient rapporté lorsqu'ils avaient été vendus pour récupérer auprès du public l'argent que le découvert avait mis en circulation. Il est important de comprendre que, quelle que soit la manière dont les choses se déroulent, il s'agit pour la banque d'un cas de "pile je gagne, face vous perdez". De plus, l'argent en lequel elles sont remboursées vaut, en moyenne, plus en biens que celui qu'elles créent pour prêter.

Il n'y a rien de nouveau en cela, ni de différent en principe du prêt de "promesses de paiement en or" au lieu de l'or lui-même, si ce n'est que les banques évitent la nécessité de donner des reçus imprimés pour les biens et services que leurs emprunteurs obtiennent pour rien, et qu'il y a une création secrète de monnaie au lieu d'une création ouverte. Au lieu de prêter des billets, les banques prêtent désormais des chéquiers et le droit de tirer des chèques jusqu'à des montants limités au-delà de ce que possède l'emprunteur. Pendant près d'un siècle, jusqu'à ce que les révélations de la guerre rendent impossible la dissimulation de la vérité au grand public, les banquiers ont vigoureusement nié qu'ils créaient de l'argent et ont prétendu qu'ils ne faisaient que prêter les dépôts que leurs clients n'utilisaient pas. Le président de la Banque de Montréal, il n'y a pas un an, continuait à le répéter, mais, plus près du centre des choses, tout cela était connu et admis par les apologistes orthodoxes de ce système monstrueux, même avant la guerre, généralement par une phrase mensongère telle que "Chaque prêt fait un dépôt"

Prêts authentiques et fictifs

En effet, un prêt, s'il est authentique, *ne constitue pas* un dépôt, car ce que l'emprunteur reçoit, le prêteur l'abandonne, et il n'y a pas d'augmentation de la quantité de monnaie, mais seulement une modification de l'identité des individus qui en sont propriétaires. Mais si le prêteur ne cède rien du tout, ce que l'emprunteur reçoit est une nouvelle émission d'argent et la quantité est proportionnellement augmentée. La nature réelle de cette procédure ridicule a été entourée d'une telle confusion par certains des avocats les plus intelligents et les plus habiles que le monde ait jamais connus, qu'elle reste un mystère pour les gens ordinaires, qui font la grimace et avouent qu'ils sont "incapables de comprendre la finance...". Ce n'est pas le but recherché. Mais si, au lieu d'essayer de résoudre le problème en se demandant "ce que l'on obtient pour de l'argent", ces personnes inversent la procédure, comme dans ce livre, et le font en se demandant "ce que l'on abandonne pour de l'argent", l'astuce est suffisamment claire.

Dépôts en compte courant

Les dépôts en compte-chèques à la banque représentent, en unités de valeur monétaires, ce que les propriétaires ont abandonné sous forme de biens et de services afin d'acquérir ces droits à des biens et services équivalents sur demande. Dans la mesure où une personne dépense son argent, une autre le reçoit, ou dans la mesure où une personne reçoit les biens et services qui lui sont dus, une autre les cède et en est créditée. Il en va tout autrement pour les véritables "dépôts à terme", même si la pratique bancaire s'est efforcée de gommer cette distinction. Dans un système monétaire honnête, on insisterait sur cette différence, qui est essentielle à la précision de la comptabilité. Il s'agit toutefois d'une question trop importante pour être traitée de manière accessoire, et son examen sera donc reporté. Nous nous limiterons ici aux dépôts sur les comptes de chèques.

L'ensemble des comptes de chèques, à l'exclusion des véritables dépôts à terme, représente en unités de valeur monétaire, comme indiqué, ce que les propriétaires de l'argent (et *non* les emprunteurs) qui traitent avec les banques doivent sur demande en biens et services de la nation dans laquelle l'argent a cours légal. Ces énormes sommes d'argent sont entièrement créées par la banque en premier lieu. Lorsque la banque prétend prêter son argent, elle ne réduit pas d'un iota le montant des créances des propriétaires sur les biens et services demandés. Elle ne les informe pas qu'ils ne peuvent plus le retirer puisqu'il a été prêté à d'autres ! Elles créent auprès de l'ensemble des vendeurs de biens et de services, en échange des chèques que les banques autorisent leurs emprunteurs à tirer, de *nouvelles* créances sur la collectivité pour des biens et des services. Lorsque ces chèques sont versés sur les comptes des vendeurs, ils créent de nouveaux dépôts dans les banques. Lorsque les emprunteurs remboursent leurs prêts et équilibrent leurs comptes, ils retirent à cette fin de l'argent à ceux à qui ils vendent des biens et des services, et en annulant leurs découverts, cet argent disparaît alors de l'existence, tout aussi inexplicablement qu'il est apparu. Si l'on imagine l'impossible, à savoir qu'ils parviennent à se libérer de leur dette envers les banques, chaque penny restant vaudrait une demi-couronne et les personnes gagnant£ 3 par semaine recevraient 2s. par semaine.

Pourquoi l'argent des chèques est-il préférable aux jetons

Il suffit de substituer des compteurs ou des reçus physiques pour montrer la malhonnêteté totale de la comptabilité. En effet, si un homme remet un jeton d'argent physique, que ce soit pour le prêter à quelqu'un d'autre ou pour acheter quelque chose à quelqu'un d'autre avec cet argent, c'est fini pour lui. Il ne peut plus jamais le prêter ou le dépenser. Il doit en gagner un autre ou attendre que son prêt arrive à échéance avant de pouvoir en obtenir un autre pour le prêter ou le dépenser à nouveau. Mais un homme qui dépose son argent sur un compte chèque peut le prêter ou le dépenser exactement comme s'il ne l'avait pas déposé du tout, en utilisant un chèque pour le montant, et c'est pourtant ce même argent que la banque prétend prêter.

L'étalon-or

Il n'est que très brièvement nécessaire d'examiner les méthodes désormais obsolètes par lesquelles, jusqu'à la guerre, la quantité de monnaie existante était maintenue dans l'état perpétuel de flux et de reflux connu sous le nom de cycle commercial ou de cycle de crédit, en la rendant convertible avec de l'or. Les détails de cette "régulation automatique merveilleusement efficace" sont le fonds de commerce de tous les auteurs de monnaie conventionnelle d'avant-guerre, et ne doivent pas nous retenir. La quantité de monnaie était régulée au moyen de l'étalon-or. Ce dernier signifiait que la valeur de l'unité monétaire dans un grand nombre de pays était maintenue égale à celle d'un certain poids d'or en rendant la monnaie théoriquement toujours échangeable avec de l'or. Dans la pratique, cela signifiait le développement d'un certain nombre de nouvelles diableries ayant pour objet de faire échouer toute tentative d'échange contre de l'or, dès que cet échange commençait à se produire. Comme il n'y avait assez d'or dans le monde entier que pour une misérable fraction des créances sur l'or que la méthode facile de prêt de chéquiers avait fait naître, les banquiers ne devaient en aucun cas être pris au dépourvu. Tous les autres ont supporté les pertes. Que la conjoncture soit favorable ou défavorable, le banquier prospère.

Il était facile de fixer le prix de l'or en monnaie, mais qu'est-ce qui fixait le prix de l'or en marchandises ? Le prix de l'or étant fixé, le prix de toutes les autres marchandises varie désormais par rapport à celui fixé arbitrairement. Le prix moyen, ou le niveau des prix, a énormément varié au cours du siècle dernier. Il y a eu cinq périodes bien marquées de changement de valeur dans tous les pays, dues à d'innombrables causes. Outre les influences humaines et psychiques, les causes physiques les plus évidentes ont été la découverte de mines d'or, l'invention de nouveaux procédés techniques d'extraction de l'or, le nombre de pays ayant des monnaies en or par rapport à ceux ayant des monnaies en argent, etc. C'était vraiment bien pire que de normaliser la hauteur du baromètre , de l'appeler "barre", quelle qu'elle soit, et d'exprimer toutes les longueurs en fonction de la hauteur de la "barre" à ce moment-là. La variation du niveau des prix en termes d'or se situait cependant dans une fourchette de deux ou trois pour un. La variation de la hauteur du baromètre en termes de yard ou du yard en termes de hauteur du baromètre, , qui est la "norme", est donc presque négligeable en comparaison.

La capacité des banques à créer de la monnaie sans rien céder en échange dépendait du fait qu'elles avaient toujours suffisamment de monnaie légale (convertible en or) pour répondre aux demandes de leurs déposants, c'est-à-dire de ceux qui ont déposé de l'argent sur un "compte courant". Dans la pratique, on a constaté qu'environ 15 % de leurs dépôts totaux suffisaient à leur sécurité, mais, comme l'utilisation des chèques augmente continuellement, ce pourcentage diminue. On considère aujourd'hui que le facteur de sécurité est d'environ 10 %, mais il n'est peut-être pas aussi élevé. Personne d'autre que les banquiers eux-mêmes ne voit, à une époque d'abondance potentielle, l'intérêt qu'il y a à toujours essayer de faire le travail de£ 10 ou plus, alors qu'ils ont en fait créé des créances sur neuf autres que les propriétaires n'ont qu'à demander pour les réduire à la panique et les envoyer hurler au gouvernement pour qu'il impose un moratoire.

La procédure correcte

La chose à faire, bien sûr, serait que le gouvernement émette autant de livres que les citoyens ont renoncé *gratuitement* à des biens et services d'une valeur d'une livre, et non pas un dixième, et qu'il exige des banques qu'elles conservent à jamais une livre de monnaie nationale pour chaque livre sur les comptes courants des déposants des banques.

Depuis que les banques sont devenues en réalité des monnayeurs en émettant des chéquiers au lieu de billets, elles n'ont jamais été solvables, mais risquaient de devoir cesser leurs paiements dès qu'on leur demandait plus d'un dixième de l'argent (monnaie légale) qu'elles devaient à leurs déposants en compte courant. La mesure proposée ci-dessus les rendrait solvables pour la première fois dans la phase moderne de leur histoire. L'argent étant toujours dans les banques, il n'y aurait plus d'expéditions frénétiques d'or d'un côté et de l'autre, pour augmenter la valeur de l'argent ici et la diminuer là, pour jeter soudainement des marchandises destinées à l'exportation sur le marché intérieur et tout aussi soudainement pour assécher le marché intérieur et expédier les marchandises à l'étranger, ainsi que tous les procédés infâmes et sans scrupules qui, au cours d'un siècle d'expérience de cette frappe privée secrète, ont été inventés pour maintenir le monde dans la pauvreté et maintenir l'offre d'emprunteurs laborieux à une époque d'abondance.

En dehors de cette explication réelle, la seule raison ostensible de tout cela est d'empêcher les gens de demander l'argent pour lequel ils ont dû renoncer à la valeur équivalente en biens et services, mais pour lequel le gouvernement a jusqu'à présent omis de délivrer des reçus appropriés. Certes, le gouvernement ne l'a pas fait parce qu'il n'a pas encore reçu les biens et les services, mais les emprunteurs laborieux ont reçu l'argent et ont en outre fourni de nombreuses garanties pour chaque livre qu'ils ont empruntée. La proposition est donc que le gouvernement émette l'argent nécessaire aux banques en échange de la garantie des emprunteurs, de sorte que ces derniers soient désormais redevables, non pas aux banques, mais à la nation qui, non pas aux banques, a fourni les biens. Ils peuvent alors rembourser leurs dettes sans détruire la monnaie de la nation et sans qu'il leur soit impossible de trouver l'argent pour payer. En effet, à mesure que les prêts arrivent à échéance et sont remboursés, le gouvernement devrait remettre l'argent en circulation (ou dans les dépôts des utilisateurs de chèques) en achetant des titres de la dette nationale et en les détruisant. Ainsi, un équivalent de la dette nationale portant intérêt serait détruit pour la dette nationale ne portant pas intérêt qu'*est l'*argent. Pour ce faire, les banques ont secrètement émis de l'argent par le biais du système de chèques. Cela s'est produit lorsque le gouvernement les a empêchées d'émettre des billets de banque et a cherché à restreindre et à contrôler cette forme de monnaie par l'intermédiaire de la Banque d'Angleterre. Il est temps que la légalité de ces opérations soit vérifiée par les tribunaux. C'est un curieux type de loi qui fait de l'émission ouverte de monnaie une trahison et de son émission secrète sous un nom camouflé, comme le crédit bancaire, une immunité telle qu'il était, jusqu'à récemment, une trahison même de remettre en question sa légalité. Mais tout cela est désormais dépassé.

Le cycle du crédit ou du commerce

Jusqu'à l'éclatement de la guerre, le cycle inévitable du système s'est déroulé d'une manière relativement simple, à savoir de la manière suivante.

I. Période au cours de laquelle l'augmentation de la monnaie (par l'émission d'un nombre moyen de prêts bancaires supérieur à celui des remboursements) est plus rapide que l'augmentation de la richesse virtuelle et, par conséquent, les prix augmentent. Il y a une abondance de biens en cours de production, mais du fait que les prêts sont accordés au moment où la production est lancée - plutôt que de la manière correcte, l'argent frais étant émis aux consommateurs, en allégement de l'impôt, après que la nouvelle production a mûri et est prête à être vendue - la production et la consommation sont déphasées. La production est en retard sur la consommation d'environ la moitié de la durée moyenne de la production, étant donné que l'argent frais retire du marché la richesse finie pour payer les travailleurs, et que ces derniers ne mettent que la richesse non finie à son stade initial ou à un stade intermédiaire. Plus tard, il sera nécessaire de revenir sur cette erreur physique fondamentale de tout le système monétaire des banquiers.

Mais il est facile de voir, même à ce stade, pourquoi les prix doivent augmenter et pourquoi la richesse virtuelle ne peut pas augmenter dans la même mesure que la monnaie, de sorte que la valeur de cette dernière soit maintenue. Les gens se rendent toujours au marché avec de l'argent pour acheter quelques mois en moyenne avant que les marchandises ne soient disponibles. Cela entraîne un épuisement des stocks existants et une pénurie de richesses finies, de sorte qu'à moins que les prix n'augmentent, il n'y aurait pas de marchandises à vendre pour la partie de l'argent total correspondant au montant supplémentaire créé. Bien entendu, les prix augmentent pour que cela ne se produise pas. Mais tous obtiennent moins de biens pour leur argent qu'auparavant. L'argent valant désormais moins qu'avant, les gens doivent en conserver davantage pour posséder la même richesse virtuelle (ou le même crédit pour les biens et les services) qu'auparavant. Bientôt, la quantité accrue d'argent n'achète pas plus que la quantité initiale.

2. Alors que tous les autres prix augmentent, celui de l'or est arbitrairement fixé. En soi, cela signifie seulement que la valeur de l'or diminue par rapport à celle des marchandises. Les effets des nouvelles émissions de monnaie de crédit sont les mêmes que si de nouvelles mines d'or avaient été découvertes. La hausse des prix tend à rendre les mines d'or existantes non rentables et les mines incapables de payer alors qu'elles pouvaient le faire auparavant, ce qui réduira à nouveau la production d'or.

Mais une telle influence, en diminuant la production *annuelle* d'or, ne peut produire qu'une différence minime dans la quantité globale d'or et ne peut avoir un effet perceptible sur le niveau des prix qu'après une longue période. La demande réelle d'or, en dehors de la garantie de la monnaie de crédit, n'est pas très importante aujourd'hui. Il s'agit en fait d'un métal plutôt inutile à son prix. Ce changement de rapport entre la valeur de l'or et celle des marchandises ne pourrait en soi produire aucun effet régulateur automatique dans une communauté autonome, car l'or n'entre guère dans la catégorie des marchandises que la plupart des gens achètent pour pouvoir vivre. Mais, bien entendu, la hausse des prix escroque tous les créanciers au profit des débiteurs.

L'effet de l'étalon-or, cependant, est de faire de l'or une monnaie internationale. Puisque la monnaie n'est une dette que pour la communauté dont elle est la monnaie légale pour le règlement des dettes, et qu'elle n'est en aucun cas une dette reconnue ou exigible par quelque autre pays que ce soit, l'inter-dette internationale doit être réglée par le transfert de biens ou de services réels du pays débiteur au pays débiteur, dans la mesure où il ne s'agit pas d'un prêt ou d'un investissement permanent portant intérêt, ou qu'il est converti en un tel prêt ou en un tel investissement. Rendre la monnaie légale convertible en or signifie donc que, lorsque le prix de tout le reste a augmenté et que celui de l'or n'a pas augmenté, la dette envers un pays étranger est réglée à moindre coût en expédiant de l'or plutôt que d'autres marchandises. Nous avons vu que la première étape se traduit par une pénurie permanente de biens, la production étant en permanence inférieure à la consommation. Cela crée naturellement une demande de biens, et les biens peuvent maintenant être achetés à l'étranger là où ils sont bon marché et abondants, et payés par l'envoi d'or en échange, plutôt que d'autres biens, puisque tout ce qui n'est pas de l'or a augmenté de prix. Les prix sont exprimés en termes de monnaie dépréciée sur le marché intérieur, mais à l'ancien taux à l'étranger. Par conséquent, les stocks d'or du pays sont épuisés au cours de cette deuxième phase et, dans le cadre du système existant avant la guerre, lorsque le public était autorisé à demander de l'or en échange de billets et de chèques, le rapport entre le "cash" et le crédit (total des dépôts) dans les banques a été réduit en fin de compte en dessous de la limite que le banquier considérait comme essentielle à sa solvabilité.

3. Le banquier diminue maintenant la quantité de monnaie existante en ne renouvelant pas ses prêts aussi vite qu'ils sont remboursés. Ces emprunts, contractés dans une période de hausse des prix, doivent maintenant être remboursés dans une période de baisse des prix, de sorte que, par suite de la modification du pouvoir d'achat de la monnaie et indépendamment des intérêts payés pour l'emprunt, les biens et les services que les emprunteurs doivent abandonner pour obtenir l'argent nécessaire au remboursement doivent toujours être en moyenne plus importants que ceux qu'ils ont obtenus avec l'argent qui leur a été prêté. Avant qu'une partie considérable de ces prêts puisse être remboursée, il devient impossible d'obtenir de l'argent, c'est-à-dire de vendre des marchandises, sauf à une perte ruineuse pour les producteurs. C'est ainsi qu'un certain nombre d'entre eux sont mis en faillite. Leur garantie est vendue par la banque ou, si elle n'est pas en mesure de rapporter le montant nécessaire au remboursement du prêt, elle est saisie par la banque. Dans ce contexte, les emprunteurs qui ont été les plus méritants, et dont les actifs valent donc plus que ceux qui ont été moins efficaces et moins prudents dans la conduite de leurs affaires, sont les premières victimes. Ils

sont vendus et ruinés lorsque ceux dont les actifs ne répondraient pas aux exigences de la banque ont une meilleure chance de s'échapper dans l'espoir qu'ils vaudront plus tard la peine d'être vendus.

Comment les pertes sont-elles réparties ?

En vertu du paragraphe 1, l'argent créé par les banques est payé par l'ensemble de la communauté par la perte du pouvoir d'achat de l'argent préexistant. Tous les contrats prévoyant des paiements périodiques futurs pour des services, tels que les salaires, les intérêts et les loyers, et ceux fixés par la loi ou la coutume, tels que les tarifs de transport, les services postaux et les honoraires professionnels, sont viciés au détriment de ceux qui reçoivent de l'argent, tandis que ceux qui reçoivent ces services obtiennent un avantage non convenu, exactement comme s'il y avait eu une diminution universelle du poids de la livre, du volume de la pinte ou de la longueur de la verge. Il s'agit de la période d'inflation dans le seul sens où ce terme a un sens, à savoir la période où la valeur de la monnaie subit une dépréciation.

Sous (2), il y a une perturbation internationale profonde qui met en danger les relations amicales entre les nations, que nous devons encore examiner plus en détail. Sous (3), nous avons la période déflationniste, lorsque la valeur de l'argent est ramenée à la valeur en or qu'elle avait à l'origine. Il y a une paralysie économique générale due aux efforts des débiteurs pour rembourser leurs dettes, qui détruisent les moyens de paiement. Dans tout ce système, l'objectif fondamental de l'argent a été perdu de vue. Au lieu d'être un moyen permettant à une communauté de transmettre librement des biens et des services du producteur au consommateur et à l'utilisateur final, les intérêts de l'ensemble de la communauté ont été sacrifiés pour permettre aux banques de prêter plus d'argent qu'il n'en existe sous une forme physique ou tangible. Il n'y a pas la moindre raison pour qu'il n'y ait pas autant d'argent que l'économie du pays l'exige, à condition qu'il ne soit émis que lorsque des richesses supplémentaires sont en attente d'être vendues. La situation s'est créée parce que la nation n'a pas exercé sa prérogative sur l'émission de monnaie et parce que les banques ont préféré une méthode qui évite l'émission de reçus nationaux appropriés, ou de quoi que ce soit en retour, à ceux qui ont renoncé à des biens et des services pour obtenir de l'argent. Il n'y a pas non plus la moindre raison pour l'existence de la banque telle qu'elle est devenue aujourd'hui, quel qu'ait pu être le cas il y a deux siècles. Le public possède les biens et les services sur lesquels le banquier s'appuie sans rien fournir en échange du prélèvement et il paie pour l'émission privée de monnaie en étant privé des bénéfices de l'émission, ainsi que par la hausse des prix que le mode incorrect d'émission entraîne.

Terminologie monétaire frauduleuse

Toute la terminologie du système est inversée. Ainsi, le crédit bancaire, lorsque la comptabilité est faite en biens et services plutôt qu'en chiffres, devrait être la dette bancaire, la dette des banques envers la communauté pour les biens et services que les banques ont prélevés sur la nation en permettant à des emprunteurs impécunieux de les obtenir sans paiement. Là encore, les deux termes sont faux pour ce qui est du très important ratio liquidités/crédit qui, à différentes époques, a varié de 15 % à probablement 7 % ou moins. Nous pouvons remettre à plus tard l'examen du second, qui est simplement *la somme* du compte courant et des "dépôts" à terme, et qui est en réalité la dette de la banque envers ses déposants pour de l'argent à la demande *et* sur préavis. C'est le crédit du public et la dette des banques. Mais en ce qui concerne les "liquidités", comme le sait maintenant le plus grand des novices, la plus grande partie de ces "liquidités" est maintenant créée par la Banque d'Angleterre, les dettes de cette dernière envers les banques de la chambre de compensation étant comptabilisées comme des "liquidités". Nous pouvons également remettre à plus tard l'examen plus approfondi de cette question. Sous la protection du gouvernement, cette banque semble penser que c'est une grande plaisanterie d'embobiner le public.

L'égouttage de l'or

Les mécanismes utilisés pour modifier la monnaie et faire d'un minimum de monnaie nationale authentique la base d'une pyramide inversée probablement dix à vingt fois plus grande de monnaie apparaissant et disparaissant comme par magie, appelée "crédit bancaire", et la méthode de régulation de la quantité totale de monnaie existante par la Banque d'Angleterre, étaient d'une brutalité et d'une insensibilité extrêmes. L'écoulement de l'or de la Banque d'Angleterre en vertu de (2) a entraîné "automatiquement" une réduction de la quantité totale de monnaie existante de dix à vingt fois la quantité d'or enlevée. Pour chaque shilling ou deux d'or qui a quitté le pays sans être remplacé, une livre sterling a été détruite par les banques qui ont arbitrairement demandé à leurs emprunteurs de rembourser leurs prêts - comme nous l'avons vu, une impossibilité. L'invention d'une nouvelle monnaie, en tant que dette envers la banque émettrice qui ne pourrait jamais être remboursée par la suite, parce que le remboursement détruisait la monnaie et les moyens de paiement, mettait en gage tout le système de production de richesses du monde au profit du banquier. Depuis lors, le monde est au pouvoir absolu du banquier.

Les maux de l'usure véritable au Moyen Âge, par la pénurie des métaux précieux et l'insuffisance des moyens d'échange, ont crié au ciel pour obtenir réparation. Mais le véritable usurier abandonnait au moins ce qu'il prêtait et ce pour quoi il recevait des intérêts, alors que le banquier ne le fait pas, mais prélève sur les biens et les services de la nation ce qu'il prétend prêter et ce sur quoi il reçoit des intérêts. Il est déjà assez pénible d'être sous l'emprise du prêteur qui prête son argent, mais il est un million de fois pire d'être sous l'emprise du prétendu prêteur qui ne prête pas son propre argent, mais il le crée pour le prêter et détruit les moyens de remboursement aussi vite que les débiteurs parviennent à le rembourser. Il s'agit d'une remise des pouvoirs de vie et de mort sur la vie économique de la nation entre les mains d'imposteurs irresponsables.

La connivence du gouvernement

Le fait que le gouvernement ait toujours participé à cette abrogation de sa fonction a été révélé de la manière la plus claire au début de la guerre, lorsque, pour la première fois dans l'histoire, la mainmise des banques sur l'industrie s'est soudainement relâchée, et que le système économique a été autorisé à utiliser tout sur la production à des fins de destruction de guerre. Les moteurs du système monétaire ont été tranquillement inversés avant que le premier coup de feu n'ait été tiré. Les nations engagées dans une lutte mondiale à mort avec d'autres nations ne peuvent se permettre de rester paralysées dans la toile d'araignée de la finance bancaire. Ensuite, les banques ont reçu l'ordre de prêter sans limite pour financer la production de munitions, et le gouvernement s'est engagé à imprimer et à émettre les fameux "Bradburies" ou billets du Trésor national, en coupures de 1 et 10 livres, selon les besoins pour préserver leur solvabilité et le ratio sûr de 10 % de liquidités par rapport au crédit, quel que soit le montant du crédit qu'elles émettaient. La hausse effroyable des prix a bien sûr été attribuée par tous les gramophones de la City aux flots de papier-monnaie émis par le gouvernement.

Ainsi, par l'impression et l'émission de trois ou quatre cents millions de billets du Trésor, le montant total de l'argent est passé de quelque£ 1.200 millions en 1914 à quelque £2.700 millions en 1920, c'est-à-dire qu'il a plus que doublé. La valeur d'une livre sterling de marchandises est tombée à moins de la moitié de ce qu'elle aurait pu acheter avant la guerre. L'augmentation de la dette nationale due à la guerre, soit environ£ 8 000 millions, a été en grande partie contractée dans cette monnaie dépréciée, et si la monnaie avait été correctement émise, la dette *n'aurait pas atteint la moitié de cette somme.*

La commission Cunliffe

Mais avant même la fin de la guerre, les mesures astucieuses nécessaires avaient été prises pour lier à nouveau la nation dans la toile d'araignée de la finance bancaire. Le tristement célèbre comité Cunliffe a été créé pour donner des conseils sur le système monétaire de la nation lorsque la paix serait rétablie. Elle était composée, à l'exception d'un économiste académique orthodoxe - comme tous ceux de l'époque qui n'étaient pas du tout convaincus de l'honnêteté de la profession bancaire - entièrement de banquiers eux-mêmes et de fonctionnaires du Trésor travaillant main dans la main avec eux. Il est significatif des relations étroites entre le gouvernement et la profession bancaire que plusieurs fonctionnaires du Trésor aient depuis quitté le gouvernement pour devenir directeurs de banque, y compris celui dont le public a associé le nom au billet du Trésor. Le Comité ne contenait pas un seul représentant des intérêts des consommateurs ou des producteurs, pour le bénéfice desquels, et non pour le bénéfice de la profession bancaire ou du Trésor, l'argent existe réellement. Il ne contenait pas non plus un seul réformateur monétaire alors que, déjà à l'époque, Arthur Kitson exposait les maux du système monétaire national depuis plus de vingt ans et avait prédit à juste titre les conséquences inévitables d'une reprise du contrôle par les banquiers.

La première recommandation de ce comité était le retour rapide à l'étalon-or et la seconde, la suppression des billets du Trésor national et leur remplacement par des billets de banque. L'effet escompté de la première recommandation était tout à fait à la portée du courtier en bourse ordinaire ou de l'intendant, dont le métier est de s'informer sur ces questions dans l'intérêt de leurs clients. Il signifiait que la dette nationale, dont la majeure partie avait été contractée dans une monnaie dépréciée, devait être remboursée, en ce qui concerne le principal et les intérêts, en monnaie-or d'une valeur plus de deux fois supérieure. Les Français savaient tout cela, et il est vain de prétendre que les experts britanniques ne le savaient pas. On a justifié cette mesure en disant qu'elle "corrigeait" l'inflation de la guerre, alors que tous les créanciers des nations avant la guerre avaient été escroqués par les banques qui prétendaient prêter, et ne prêtaient pas mais créaient, quelque mille cinq cents millions d'euros pour financer la production. Cela n'aurait jamais eu lieu si les prêts avaient été de vrais prêts, qu'au début de la guerre il n'y aurait pas eu la moindre difficulté à obtenir du public. La commission Cunliffe a proposé de corriger cette erreur par une autre, plus grave encore, à savoir l'escroquerie universelle des débiteurs au profit des créanciers accablés par la guerre, étant donné que les dettes et leurs intérêts ne sont pas réellement payés en livres, mais en biens et services que les livres permettent d'acheter. Mais tout cela est désormais connu de tous, et sordide au point d'être impossible à dissimuler.

Déflation

Le rapport du comité Cunliffe est adopté et le gouvernement de coalition de 1920 commence à le mettre en œuvre. La ruineuse phase de déflation, N°. (3) du cycle, a plongé la nation entière dans une paralysie économique dont elle n'a encore guère montré de signes de récupération. Hormis les destructions physiques et les pertes de vie et de santé parmi les combattants pendant la guerre, et les pertes financières subies par la classe purement rentière en raison de l'inflation, le pays, à la signature de la paix, se trouvait dans une situation de prospérité économique et de bien-être grâce à la suppression temporaire de l'emprise de l'argent.

La propagande la plus absurde commença alors dans la presse, le public étant exhorté à produire plus et à consommer moins une semaine, et la semaine suivante, à travailler à temps réduit et à partager son travail avec son ami. Les banques se mirent soudain à contracter des crédits dans le but d'augmenter la valeur de l'argent et de faire baisser les prix, sans se laisser décourager par la marée montante des faillites et du chômage. Mais s'il leur était assez facile de produire la ruine et la misère universelles, il n'était pas aussi facile de faire baisser les prix, le pays produisant et consommant de moins en moins à l'ancien prix avec la plus petite quantité d'argent existant , plutôt que la même chose qu'avant à des prix plus bas en conséquence.

La principale raison en est que la baisse des prix implique une baisse correspondante des salaires, à laquelle les syndicats professionnels s'opposent efficacement. Les plus faibles sont acculés au pied du mur et perdent leur emploi, devenant ainsi une charge pour le contribuable, tandis que ceux qui conservent leur emploi profitent en conséquence de toute baisse des prix qui pourrait être imposée. En fait, les méthodes brutales de l'étalon-or étaient trop désespérément dépassées pour réduire efficacement le niveau des prix après la guerre. Ses principes étaient alors aussi bien compris par les conseillers économiques du patronat industriel et du Labour que par la hiérarchie financière. En outre, dans une ère d'abondance telle que la science l'a inaugurée, il n'est plus possible d'utiliser l'arme de la famine pour réduire les travailleurs récalcitrants à un niveau de vie inférieur, comme c'était le cas il y a un siècle. Il n'est pas non plus possible d'attendre des hommes d'affaires qu'ils se lancent dans la production lorsqu'on leur dit qu'avant que leur produit n'arrive sur le marché, les prix seront tombés en dessous de ce que le produit coûte à fabriquer !

Le retour à l'or

Mais en 1925, on a considéré que la politique de déflation avait suffisamment atteint son but pour risquer le rétablissement de l'étalon-or, en ce qui concerne les échanges extérieurs. La loi sur l'étalon-or de 1925 a permis d'acheter des barres d'or entières d'un poids de quelque 400 onces de Troie au prix de l'or d'avant-guerre. Les importateurs de marchandises de l'étranger ont ainsi bénéficié d'une prime, les invitant à utiliser notre stock d'or , qui leur était fourni à un prix bien inférieur à celui du marché, pour exporter en échange des marchandises étrangères qui venaient concurrencer celles du marché intérieur. Les coûts des producteurs nationaux étaient bien sûr encourus dans la monnaie nationale toujours dépréciée , alors que ceux des étrangers étaient payés en unités d'or dont le pouvoir d'achat était bien supérieur. Il s'agissait probablement d'un dernier effort désespéré des banquiers pour briser la résistance à leur politique de baisse des prix, en soumettant le marché intérieur à une concurrence étrangère soutenue par des primes, mais cet effort ne pouvait pas durer et n'a pas duré longtemps.

La trahison des vrais bleus

La deuxième recommandation du comité Cunliffe a été mise en œuvre par la loi de 1928 sur la monnaie et les billets de banque du dernier gouvernement conservateur. Ce changement fondamental de la Constitution britannique, comme on le verra, n'a en aucun cas été transformé en question politique. Le gouvernement, en tant que véritable défenseur du roi et de la Constitution, a tranquillement, et avec un minimum d'agitation, autorisé le retrait des billets du Trésor national portant la tête du roi et leur remplacement par des billets de banque portant la promesse de paiement de la Banque d'Angleterre. Dans le meilleur des cas, cette promesse ne pouvait avoir qu'une signification très limitée, mais elle a été rendue totalement bidon lorsque le gouvernement de coalition de 1931 a abandonné l'étalon-or ! Cette décision était d'autant plus surprenante que la raison d'être du gouvernement de coalition était d'éviter qu'une telle "calamité" ne s'abatte sur la nation. C'est en tout cas la raison invoquée lors d'une campagne électorale encore moins basée sur la vérité et la réalité qu'il n'est d'usage aujourd'hui.

La loi de 1928

La loi de 1928, "considérant" les billets du Trésor comme des billets de banque, prévoyait leur remplacement par une émission "fiduciaire" de 260 millions de livres sterling de billets de la Banque d'Angleterre au-dessus de la réserve d'or, avec la possibilité d'augmenter ou de diminuer cette émission par consultation entre la Banque et le Trésor, cette émission étant ensuite augmentée de 15 millions lorsque l'étalon-or a été abandonné en 1931. Dans cette loi, il est beaucoup question de la responsabilité purement nominale de la Banque pour cette émission et peu des bénéfices de l'émission, mais il semble clair que les bénéfices nets, tels que convenus entre la Banque et le Trésor, sont remis à la nation. Il s'agit d'un sprat pour attraper un maquereau, comme nous le verrons dans le chapitre suivant, lorsque nous traiterons de la suite immédiate. En effet, en 1932, sur la base de l'augmentation de 15 millions de livres sterling, les intérêts bancaires ont pu accroître leur détention de titres négociables de la nation, ou de "prêts" portant intérêt, de 300 millions de livres sterling. La loi de 1928 marque une deuxième étape fondamentale dans l'évolution de l'émission privée de monnaie, la première ayant été franchie lorsque les premiers orfèvres ont estimé qu'il était "sûr" (pour eux) d'émettre des billets de banque, ou des promesses de paiement d'or à la demande dépassant de beaucoup l'or qu'ils possédaient. Ces récents changements rapides ont permis de clarifier la véritable question en jeu et de la présenter à la nation sans qu'il soit possible de la déformer.

Qu'est-ce que l'argent véritable aujourd'hui ?

Il a été nécessaire dans ce chapitre d'examiner en détail les changements kaléidoscopiques que le corps empirique de règles qui fait office de système monétaire a subis depuis le début de la guerre, bien qu'une grande partie de ces changements soit familière au lecteur ordinaire. Mais cet historique a nécessité de reporter au chapitre suivant certaines des considérations les plus intéressantes et les plus cruciales qui sous-tendent ces changements. Dans la situation actuelle, l'argent n'a plus la moindre ressemblance avec ce qu'il était auparavant. Toutes les anciennes idées sur la bonne et la mauvaise monnaie, sur la monnaie authentique émise par l'État et la monnaie privée mise en circulation par le faux-monnayeur, sur le devoir de l'État de protéger les propriétaires de la monnaie contre les manipulations malveillantes et la dépréciation de sa valeur en marchandises, sont maintenant dépassées. Nous sommes à l'ère de la "politique monétaire" où la valeur de l'argent est continuellement modifiée, par des moyens bien connus de la profession bancaire, pour la rendre plus ou moins importante, et ainsi augmenter ou diminuer le niveau des prix. Stabiliser sa valeur est tout à fait impossible sans détruire totalement les faux-semblants sur lesquels le système bancaire s'est appuyé, alors que, si l'on y mettait fin, sa valeur redeviendrait aussi stable qu'auparavant. Dans tout cela, il n'est pas tenu compte un seul instant des principes les plus élémentaires de justice envers les propriétaires de l'argent, qui abandonnent pour lui des biens et des services de valeur et qui ont le droit de recevoir à nouveau une valeur équivalente à celle qu'ils ont abandonnée.

CHAPITRE IV

L'ARGENT TEL QU'IL EST AUJOURD'HUI

Illusions monétaires

L'avantage de l'utilisation de la monnaie, qui permet d'exprimer toutes les valeurs économiques en termes d'une unité commune, est l'un des plus grands inconvénients pour comprendre sa véritable nature. Toutes les transactions économiques qui concernent le citoyen ordinaire sont toujours d'abord traduites et comptabilisées en unités monétaires. En effet, les unités monétaires sont souvent utilisées sans aucune qualification, tant pour l'argent que pour les formes de biens ou de dettes facilement convertibles en argent. La définition de la monnaie dans cet ouvrage est la suivante : il s'agit de la dette envers le propriétaire d'une certaine valeur de biens négociables pouvant être obtenus sur demande dans le pays où la monnaie a cours légal pour le paiement de la dette. C'est parce que les citoyens ordinaires ne sont jamais partie prenante à l'échange initial qui crée la monnaie en premier lieu qu'ils n'ont pas perçu son importance nationale vitale. Toutes les dettes étant contractées et exprimées en unités monétaires, ils ne comprennent pas la signification de la relation dette-crédit par laquelle la monnaie elle-même prend naissance. Le "crédit de la nation" n'est pas seulement son pouvoir de s'endetter pour de l'argent auprès de ses citoyens individuels, mais comprend également son pouvoir de s'endetter auprès de ses citoyens individuels pour des biens et des services réels - par lequel l'argent lui-même prend naissance. Le fait que la dette de la nation envers les citoyens soit constituée de biens et services et non d'argent ne modifie pas le signe de la transaction. Il semble le faire uniquement parce que les vendeurs qui reçoivent de l'argent frais pour la richesse cédée se considèrent comme payés, alors qu'ils ne sont pas payés mais redevables.

Tout l'argent remis par les citoyens à la nation en échange de titres de la dette nationale appartient naturellement à la nation qui contracte la dette, alors que les biens et services remis par eux en échange de papier et de crédit créés par les banques étaient comptabilisés par notre système monétaire, jusqu'à la loi de 1928, comme appartenant à l'émetteur de l'argent. Ce qui est extraordinaire, c'est que l'on chercherait en vain une loi sanctionnant cette comptabilisation pour la partie la plus importante, à savoir celle émise sous forme de crédit bancaire.

Une distinction sans différence

On objectera bien sûr que les banques ne revendiquent pas et n'ont jamais revendiqué la propriété permanente de l'argent qu'elles émettent. Mais dans la pratique économique, il n'y a plus de distinction importante entre une somme d'argent et les revenus qu'elle génère. Le propriétaire d'un titre de la dette nationale est en réalité le propriétaire du revenu annuel qu'il rapporte. Si ce revenu est de£ 100 par an et que l'intérêt est de quatre pour cent, il est échangeable contre autour de £2.500, s'il est de cinq pour cent contre £2.000, et ainsi de suite. La jouissance permanente du revenu annuel équivaut en pratique à la propriété du capital. Il en est ainsi des quelque 2.000 millions de livres sterling créés par le crédit bancaire, qui rapportent aux banques un revenu annuel de 100 millions de livres sterling au taux bancaire de 5 %. Elles en jouissent depuis qu'elles ont émis l'argent et elles ne sont toujours pas disposées à le céder volontairement à la nation. C'est donc une argutie que de prétendre qu'ils ne sont pas propriétaires de l'argent qu'ils ont créé. S'il était remplacé par de l'argent d'État, l'État pourrait également choisir de recevoir le capital, ou de le prêter et d'en tirer les intérêts - d'engager avec lui 2.000 millions de livres de nouvelles dépenses, ou de retirer cette somme de la dette nationale et d'épargner au contribuable 100 millions de livres par an. Ce ne sont là que deux des nombreuses façons dont la nation s'enrichirait en comptabilisant les biens et les services cédés par ses citoyens en échange d'argent comme étant la propriété de la nation plutôt que des banques.

Pour mettre fin à la situation actuelle, il suffit que le public considère l'argent, non pas comme on l'a si soigneusement enseigné, du point de vue de l'émetteur qui reçoit *gratuitement* des biens et des services, mais du point de vue de l'utilisateur qui doit d'abord les céder pour de l'argent avant de pouvoir les obtenir à nouveau. La comptabilité doit commencer une étape avant l'argent pour couvrir la transaction par laquelle l'argent a été créé. Si l'on procède ainsi, l'affirmation des banques selon laquelle elles utilisent leur propre crédit et non celui de la communauté ne peut être étayée. Il est vrai que les premiers banquiers pensaient que c'était le cas, et il ne fait aucun doute que c'était le cas à l'origine lorsqu'ils prêtaient une partie de l'or de leurs déposants. À cette époque, le crédit des orfèvres était plus élevé que celui du gouvernement, qui a jugé bon, en cas de besoin, de s'approprier les réserves d'or des marchands dans la Tour sans la formalité du consentement des propriétaires, ce qui a poussé ces derniers à chercher une "banque" plus sûre.

L'intérêt direct à créer de l'argent

Mais lorsqu'elles ont commencé à prêter non pas de l'or mais des promesses de paiement en or ou, plus tard, dans le cadre du système des chèques, des chèques, qui sont des créances sur la banque pour de l'argent, les banques ont commencé à s'approprier un crédit qui n'était pas le leur mais qui appartenait à la communauté qui devait céder des biens et des services équivalents à ceux à qui les banques avaient accordé le "crédit" en premier lieu. La boucle est bouclée. L'invention de la monnaie de crédit a permis à la profession bancaire de s'approprier cette partie du crédit de la communauté que l'on a appelé la richesse virtuelle, et ceci, impliquant le pouvoir de créer de l'argent à partir de rien, ne pouvait que se révéler une affaire extraordinairement rentable qui est maintenant devenue un gigantesque intérêt personnel.

Les auteurs sur la monnaie, du point de vue conventionnel ou du point de vue des émetteurs, soutiennent aujourd'hui, par exemple, que les banques sont dans leur droit en période de dépression économique, lorsque personne ne veut emprunter leur argent à n'importe quel prix et qu'elles ont plus de "liquidités" que ce qui correspond au ratio de sécurité de 10 % par rapport au total de leurs dépôts, si elles achètent des biens appartenant au public avec l'argent qu'elles émettent, une opération qui se distingue à peine des opérations du faux-monnayeur. C'est ce qu'on appelle les "opérations d'open market" et, conformément à la phraséologie bancaire, cette méthode d'acquisition des titres négociables de valeur de la nation par l'émission d'argent frais est encore techniquement appelée un "prêt", plutôt qu'un vol.

Opérations d'open market

Lorsqu'un citoyen ordinaire achète des titres, son stock de monnaie diminue, mais pour le banquier, c'est exactement l'inverse. Il augmente la quantité de monnaie qu'il émet en achetant tout comme il le fait en prêtant. Il la détruit à nouveau en la vendant, tout comme il le fait en demandant un prêt. Pour que les citoyens ordinaires comprennent un tant soit peu cette situation, ils doivent la considérer de la manière suivante. Le système bancaire est maintenant une société qui a un intérêt direct dans l'émission d'environ neuf fois plus d'argent qu'elle ne détient de "liquidités", et si les emprunteurs solvables ne se sont pas encore suffisamment rétablis après avoir été pris au piège de la déflation, et qu'ils ne peuvent pas ou ne veulent pas leur emprunter cet argent, alors les banques sont dans leur droit d'acheter pour elles-mêmes sur le marché ouvert des investissements productifs de revenus, et de les payer par leurs propres chèques. Les vendeurs versent ces chèques à leurs banques respectives, créant ainsi des dépôts, jusqu'à ce que le ratio de sécurité entre les liquidités et les dépôts soit atteint.

Argent liquide (!)

Mais qu'est-ce que l'argent liquide ? Dans le jargon bancaire, le "cash" est l'argent ayant cours légal plus les crédits à la Banque d'Angleterre. Voyons comment cela s'est passé en 1932, juste après que nous ayons abandonné l'étalon-or et que la "politique monétaire" ait été orientée vers l'augmentation des prix et la diminution de la valeur de l'argent de chacun en biens, répudiant ainsi une partie de la dette de la nation en biens et services aux propriétaires de l'argent. Pour commencer, le Trésor a conclu un accord avec la Banque d'Angleterre et l'a autorisée à émettre£ 15 millions de billets supplémentaires de sa Promesse de paiement, en vertu de la loi de 1928. Le bénéfice net de cette émission, quel qu'il soit, a vraisemblablement été versé au Trésor et, dans cette mesure, le contribuable en a bénéficié. Ensuite, la Banque d'Angleterre a augmenté ses "prêts" (expression bancaire) en acquérant pour elle-même 32 millions de livres sterling de titres négociables auprès de la nation, et a commencé à jouir des revenus d'intérêts qu'ils rapportent en les payant par chèques. Que la vieille dame qui a dépassé son compte et envoyé au banquier un chèque du montant soit ou non une invention, il n'y a pas le moindre doute sur le fait qu'il s'agit de la méthode normale, naturelle et régulière de la vieille dame de Threadneedle Street.

Les vendeurs de ces titres ont, en temps voulu, versé ces chèques à leurs banques, qui les ont retournés à la Banque d'Angleterre, augmentant ainsi leurs crédits à la Banque d'Angleterre, qui sont considérés comme des "liquidités", de£ 32 millions. Ce grand apport de "liquidités" leur a permis d'augmenter leurs "prêts" d'environ 267 millions de livres sterling, une grande partie de cette augmentation étant probablement due - dans la situation encore précaire des emprunteurs solvables qui ne se sont pas encore suffisamment remis de leur dégonflement - aux "opérations d'open market". Ainsi, entre février 1932 et février 1933, ils ont pu montrer une augmentation de leurs "dépôts" de près de 300 millions de livres sterling. Après cela, il est devenu plutôt ruineux d'aller en Suisse pour ses vacances, ou dans tout autre pays utilisant l'étalon-or, parce que le "change" était contre nous. Au moment où j'écris ces lignes (1934), la livre sterling dans les pays où l'étalon-or est encore en vigueur vaut environ 12 livres sterling. Mais les banques ont "acquis" à elles deux quelque 300 millions de livres sterling de titres générateurs de revenus pour la nation - ou les revenus équivalents de leurs emprunteurs dans la mesure où ils ont réussi à prêter réellement le nouvel argent qu'ils ont émis - au cours de la première année qui a suivi l'abandon de l'étalon-or.

Les banques créent désormais de l'argent pour le dépenser elles-mêmes

Cela élimine certainement le dernier vestige de l'excuse selon laquelle les banques, en "aidant" l'industrie par des prêts fictifs, rendent un service public, car après avoir, par la déflation et le retrait soudain de leur "aide", mis les industries nationales *hors de combat*, afin de regonfler le concertina monétaire, il n'y a maintenant personne d'autre pour "aider", elles doivent se rabattre sur l'aide à elles-mêmes. Le système bancaire n'est en fait plus qu'un gigantesque groupe d'intérêt dans l'émission effective de monnaie nouvelle par des méthodes qui échappent encore à la loi et ruinent d'abord les créanciers, puis les débiteurs. Selon les canons ordinaires de la morale commerciale, il n'y a pas la moindre différence entre créer de l'argent pour le prêter à d'autres moyennant intérêt et le créer pour le dépenser soi-même, et il n'y en a plus non plus dans la morale bancaire. Tout cela s'est bien sûr accompagné de l'habituelle propagande malhonnête destinée à détourner l'attention de ce qui se passait. Les journaux ont attiré l'attention sur l'abondance des facilités de crédit inutilisées et sur l'absence d'emprunteurs, et ont pointé du doigt ceux qui imaginaient que la pénurie d'argent pouvait avoir quelque chose à voir avec le marasme !

Le banquier, collecteur d'impôts

Le Currency and Bank Notes Act de 1928, comme indiqué dans le dernier chapitre, a, sans aucun doute depuis que le pays a abandonné l'étalon-or, introduit un nouveau principe dans la Constitution britannique. Auparavant, l'émission de billets de banque était strictement réglementée par la loi, mais en ce qui concerne les bénéfices de l'émission, la nation n'avait aucun droit sur ceux-ci. Tant qu'ils étaient convertibles en or, le banquier se rendait responsable de l'émission, bien que il ne donnait aucune garantie quant à sa solvabilité. Nonobstant le fait que, empêché par la loi d'émettre des billets, il commença à prêter des chéquiers dans une telle mesure qu'il devint bientôt physiquement impossible pour lui de remplir son obligation, et que toute tentative de l'obliger à le faire de la part d'une petite partie du public aurait plongé la nation dans une panique financière, la coutume mercantile, si ce n'est la loi, maintenait toujours la fiction que le banquier négociait avec et utilisait son propre crédit.

La loi de 1928, qui a autorisé l'émission de billets de banque par la Banque d'Angleterre en remplacement des billets du Trésor national, prévoyait que les bénéfices de l'émission devaient être versés au Trésor. Comme nous l'avons vu, l'émission de toute forme de monnaie de crédit est un prélèvement forcé ou une taxe sur les biens et les services de la communauté à laquelle il est impossible à celle-ci de résister ou d'échapper. Seul le Parlement a le droit d'autoriser et d'imposer des taxes, et cette loi permet de remettre en cause l'ensemble de la situation constitutionnelle. Car en ce qui concerne la question relativement insignifiante des billets. Le Parlement a délégué ses pouvoirs à la Banque d'Angleterre qui, à cet égard, est le collecteur d'impôts autorisé mais non officiel du gouvernement. Car il n'est certainement pas possible, même en droit, de soutenir qu'un impôt n'est un impôt que lorsque le prélèvement est payé en jetons d'argent, et qu'un prélèvement payé directement en objets de valeur n'est pas un impôt. Ce serait aussi absurde que de soutenir qu'une personne qui renonce à de l'argent établit un crédit, mais qu'une personne qui renonce à des biens et services de valeur égale pour de l'argent ne le fait pas.

Même en 1928, ce qui précède était vrai pour tous les citoyens ordinaires, bien que la loi de 1925 ait accordé à la monnaie un degré limité de convertibilité en or au profit du commerçant étranger. Cette disposition a toutefois été supprimée en 1931. C'est ainsi que, par une loi du Parlement, la tête du roi a été retirée de la monnaie nationale et remplacée par la promesse de paiement d'une banque. Cette "promesse de paiement" remonte à l'époque où le billet de banque était à la fois le reçu de l'or remis volontairement à la banque par son propriétaire et la promesse de cette dernière de le rembourser sur demande. En faisant en sorte que les billets de la Banque d'Angleterre aient cours légal à la place des billets du Trésor national, la promesse devient une fausse promesse. Le billet de banque n'est plus que le reçu autorisé mais non officiel d'une taxe nationale perçue au nom du Trésor par la Banque d'Angleterre. La promesse de la Banque d'Angleterre peut être démontrée comme étant bidon par quiconque prend la peine d'apporter certains de ces billets d'une livre sterling à la Banque et d'exiger qu'elle rembourse sa promesse de payer des "livres" en échange de ces billets. Il est temps que cette légende mensongère soit remplacée par la vraie

"Received Value worth £1", et que cette sinistre délégation des pouvoirs de taxation à la Banque d'Angleterre par le Parlement soit contestée et annulée, et que le billet signé par le Trésor soit l'autorité responsable, comme l'étaient les premiers billets du Trésor.

Le Sprat pour attraper un maquereau

Mais comme nous l'avons déjà indiqué, ce n'est pas du tout le vrai problème, qui est le droit des banques, par un tour de passe-passe comptable, de créer une vingtaine de fois plus d'argent que le montant pour lequel des reçus de cours légal sont émis. Tant que les jetons physiques existent, il n'est pas possible de les rendre inférieurs à zéro. Mais la comptabilité permet de contourner cette limitation évidente et, dans les chiffres, il est tout aussi facile de compter en nombres négatifs qu'en nombres positifs, et il n'y a donc pas de nombre fixe, comme le zéro, à partir duquel on commence à compter. La comptabilité monétaire devrait partir du zéro de l'absence d'argent. La quantité réelle de monnaie est parfaitement définie, car elle représente, en unités monétaires, la valeur des choses réelles que les citoyens agrégés doivent et ont le droit de recevoir à la demande en échange de la monnaie. La fiction selon laquelle seule la monnaie légale est "réellement" de l'argent, et que les comptes de chèques ne sont pas de l'argent mais des demandes de paiement à la demande, n'affecte en rien la quantité de biens que les citoyens ont abandonnés en échange de l'argent et qu'ils sont en droit de recevoir à la demande. Le système des chèques préserve le zéro de l'absence d'argent pour la monnaie légale ou les jetons physiques, mais étend la comptabilité à une étendue indéfinie et continuellement variable en dessous du zéro, dans la région des quantités en moins, ou des dettes des banques pour de l'argent inexistant. Le fait d'obliger les banques à conserver une livre de monnaie nationale en contrepartie de leurs engagements envers les titulaires de comptes courants mettrait immédiatement un terme à cette comptabilité frauduleuse.

Les banques n'offrent aucune sécurité

La perversion la plus étrange de la justice commune est que, alors que les emprunteurs des banques doivent déposer auprès d'elles des garanties de valeur, sous forme de titres de propriété de maisons, de fermes, d'usines ou d'investissements, largement suffisantes pour couvrir l'éventualité de leur défaillance, les banques, qui ne font confiance à personne, ne donnent elles-mêmes aucune garantie de quelque nature que ce soit à leurs déposants. Dans un cas, lorsqu'il devient impossible pour les créanciers de remplir leur obligation, elles sont vendues et mises en faillite. Dans l'autre cas, les banques bénéficient d'un moratoire et suffisamment de monnaie nationale est alors imprimée pour leur permettre d'éviter la ruine. La livre pour livre de monnaie nationale serait la garantie de la nation pour leur solvabilité et elle pourrait être émise en leur faveur selon les besoins, contre une garantie collatérale appropriée sous la forme d'actifs des banques pour couvrir le prêt. Mais en fait, la simple substitution d'une monnaie nationale au système actuel de monnaie privée frauduleuse produirait un tel accroissement presque instantané de la prospérité nationale réelle que l'industrie et l'agriculture ne tarderaient pas à se libérer de leurs dettes envers les banques et seraient en mesure de créer et d'accumuler leur propre capital sans l'aide, pour l'essentiel, de prêts authentiques ou fictifs.

L'élément temps de la monnaie

La philosophie de la monnaie exposée ici, considérée sous un angle strictement scientifique, peut être considérée comme situant la différence entre les systèmes de troc et les systèmes monétaires dans l'intervalle de temps qui distingue ces derniers des premiers, entre l'abandon d'un type de propriété et son remboursement par un autre. La monnaie peut être considérée comme un remboursement intermédiaire, mais cela ne couvre pas tout à fait le point, qui est essentiellement une question de temps. Si, de manière scientifique, nous imaginons l'intervalle de temps continuellement réduit à zéro, d'un système monétaire nous arrivons à un système de troc, et le fait est que cela n'est pas possible. Si nous commettons l'erreur de supposer qu'il en est ainsi, cela reviendrait à supposer une communauté d'échange par troc dans laquelle, dès qu'un type de produit est prêt à être utilisé ou consommé, une valeur exactement équivalente apparaît automatiquement au même endroit et au même moment du type de produit que le producteur souhaite échanger. Or, comme nous le savons, il existe des considérations telles que la période des semences et des récoltes dans le cas des produits agricoles et leurs équivalents dans la production industrielle, ainsi que le fait que le producteur ne sait jamais exactement quels seront ses besoins dans l'intervalle qui les sépare. L'argent comble cette lacune parce qu'il donne les moyens d'obtenir en permanence ce qui est nécessaire à l'utilisation et à la consommation, indépendamment de la nature spasmodique de la production ou, selon la coutume, de la rémunération (salaires, traitements, dividendes) pour l'engagement dans la production.

La circulation de la monnaie

Les économistes orthodoxes semblent ignorer les processus techniques et biologiques de création de la richesse, ainsi que les principes qui régissent sa consommation et son utilisation, en se préoccupant presque exclusivement de la fonction tout à fait secondaire de l'échange ou du commerce, contre laquelle Ruskin, en son temps, s'est vainement insurgé. Ici, comme il l'exprimait, "pour chaque plus, il y a un moins", l'une des parties à l'échange renonçant simplement à ce que l'autre obtient. Dans ce qu'on appelle la "théorie quantitative de la monnaie", ils ont essayé de faire en sorte que la valeur d'échange de la monnaie dépende inversement de sa quantité "en circulation" et directement de sa "vitesse de circulation". Leurs tentatives pour déterminer la première se sont heurtées à la difficulté presque insurmontable, dans un système monétaire à émission privée, de savoir exactement quelle est la quantité existante à chaque instant, sans parler de la quantité "en circulation", et elles dépendaient pour cela des chiffres que la profession bancaire pouvait vouloir faire croire au public, en plus de suivre de manière inintelligente les propres méthodes des banquiers pour parvenir à l'information. Ces derniers semblent être radicalement fautifs, comme nous le verrons plus loin, en amalgamant les comptes courants et les dépôts à terme, et en négligeant la distinction entre les deux. En ce qui concerne le second, ils semblent ignorer les facteurs temporels de la production que la monnaie a pour fonction de combler, et ils écrivent comme si c'était la vitesse de circulation de la monnaie qui déterminait le taux de création de richesse, au lieu que celle-ci soit le facteur essentiel auquel la *circulation de* la monnaie *doit* se conformer. Le simple fait que l'argent change de mains, modifiant d'un moment à l'autre l'identité des individus avec de l'argent et sans biens ou avec des biens et sans argent - le commerce en bref, incluant dans ce terme toutes les transactions boursières, immobilières et autres impliquant l'échange de biens finis - n'est pas du tout de la circulation. Ce terme devrait être limité aux paiements effectués comme indiqué ci-dessus pour s'engager dans la production, au retour dans le système de production de l'argent ainsi payé, en échange du produit, et à son passage dans le système de production jusqu'à ce qu'il soit payé à nouveau et que la boucle soit bouclée.

Il n'est pas nécessaire d'aller plus loin dans l'examen de cette ancienne "théorie de la quantité" de la monnaie, car on en a assez dit pour montrer qu'il s'agit d'une véritable escroquerie. En pratique, on ne connaissait ni l'un ni l'autre des deux facteurs censés déterminer la valeur d'échange de la monnaie, mais seulement leur produit, et celui-ci, par définition, était simplement le total de l'argent échangé contre des marchandises par an, ou "le volume des échanges". En divisant la quantité de monnaie par la quantité de marchandises, on obtient le prix moyen des marchandises ou l'indice des prix, un chiffre purement statistique qui ne dépend d'aucune théorie. On peut affirmer d'emblée qu'aucune théorie quantitative de la valeur de l'argent ne peut s'appliquer lorsque la quantité d'argent existante varie arbitrairement, créée éventuellement pour permettre aux gens de jouer avec les marges à la Bourse, éventuellement retirée de la production à cette fin, et encore éventuellement non. C'est comme prendre au sérieux un ensemble de chiffres statistiques sur une période où les unités de calcul ne sont jamais les mêmes d'un moment à l'autre, ou un ensemble de mesures où quelqu'un modifie arbitrairement l'étalonnage des instruments de mesure pour les rendre toujours erronés.

La valeur de l'argent ou le niveau des prix

En considérant la monnaie comme essentiellement un crédit, la quantité de monnaie est simplement la quantité de biens et de services dont ses propriétaires sont crédités, c'est-à-dire dont ils se privent volontairement, et que nous appelons la richesse virtuelle de la communauté. Il s'agit en soi d'une quantité, et non d'un taux comme le volume des échanges, et, sans aucune complication, la valeur d'échange de la monnaie est la richesse virtuelle divisée par la quantité de monnaie, et l'indice des prix ou le niveau des prix est proportionnel à la réciproque de cette valeur. Il ne peut changer que (1) parce qu'il y a plus ou moins d'argent en circulation ou (2) parce que la communauté, au sens de l'ensemble de ses membres individuels, choisit de se priver et d'être créditée de moins ou de plus de biens. La première est la quantité physique et la seconde la quantité psychique. Cette dernière dépend du nombre d'individus dans la communauté et de leurs habitudes et coutumes commerciales et domestiques, qui sont conservatrices. Il est inconcevable, si la quantité d'argent était raisonnablement constante, que la richesse virtuelle puisse être soumise à quelque changement violent que ce soit, sauf à la suite d'un cataclysme naturel ou humain de grande ampleur. Dans la mesure où la quantité de monnaie existante change violemment et soudainement, cela produit des répercussions violentes sur le niveau de vie et la prospérité générale, ainsi que sur la quantité de biens et de services dont les gens peuvent s'abstenir. Mais comme la cause de ce phénomène est purement externe, arbitraire et *évitable*, il n'y a aucune raison d'en discuter et de développer à l'excès le concept simple présenté ici. L'objectif de ce livre est plutôt de l'appliquer à un véritable système monétaire utilisant des jetons physiques dont la quantité est régulée afin de maintenir le niveau des prix constant.

Quelques facteurs monétaires

Mais pour mettre cette conception en relation simple avec l'intervalle de temps que la monnaie a pour fonction de combler, entre l'abandon d'un type de bien et son remboursement par un autre, il est nécessaire de connaître, outre la quantité de monnaie, uniquement le "volume des échanges" ou le total de la monnaie échangée au cours de l'année contre des biens. Si nous appelons ce *volume£ V* et la quantité totale de monnaie£ Q, alors *Q/V* est l'intervalle de temps nécessaire, c'est-à-dire la durée moyenne pendant laquelle chaque unité de monnaie est conservée avant d'être dépensée. Supposons que le volume des échanges, au sens défini, soit considéré comme suffisamment précis par le montant des effets, chèques, etc. compensés annuellement par les Bankers' Clearing Houses. Ce montant s'élevait en 1928 à£ 44.200 millions. La quantité d'argent en compte courant dans ces banques pour cette année-là aurait été de 1 026 millions de livres sterling. Par conséquent, en ce qui concerne cette partie de l'argent, l'intervalle de temps moyen entre les dépenses est d'un peu plus d'un quarante-quatrième d'année, soit huit jours et huit heures. Il est probable que cette durée est à peu près la même pour l'argent en général sur l'ensemble du cycle de production et de consommation. On ne peut que deviner ce qu'elle peut être pour chaque moitié séparément. La durée d'une circulation complète est le produit de cet intervalle moyen et du nombre d'échanges dans les deux moitiés. S'il est exact que le revenu national était alors d'environ 4 000 millions de livres sterling, le nombre moyen d'échanges dans la circulation complète est d'environ une douzaine.

En tout état de cause, il est important de noter que cet intervalle est une quantité dérivée ou secondaire, qui n'est pas en soi aussi informative que la conception fondamentale de la richesse virtuelle. Cette dernière est mesurée par la quantité de monnaie existante divisée par l'indice des prix, ce qui, divisé par la population, donne la quantité moyenne de richesse (en unités monétaires ramenées au niveau des prix pris comme étalon) dont chaque individu de la communauté préfère volontairement se priver pour posséder de l'argent. Si l'on prend la valeur de l'argent en 1914 comme étalon (niveau des prix = 100), il valait cette année-là un peu plus de 20 , et la quantité de biens et de services qu'il représente varie probablement relativement peu, quelles que soient les variations de l'indice des prix.

Ces chiffres, bien qu'ils ne soient donnés qu'à titre d'indications approximatives des ordres de grandeur des quantités en question, semblent correspondre dans une large mesure à ce que l'on aurait pu supposer à partir d'autres considérations.

Une monnaie de grain

L'homme ne vit pas seulement de pain, même au sens économique, mais supposons pour simplifier qu'il le fasse, et considérons une communauté autonome produisant et consommant ses propres céréales, récoltées, disons, en septembre, et appelons la récolte H en valeur d'unités monétaires à pouvoir d'achat constant. Alors, en négligeant la complication de la quantité relativement faible de céréales qui doit toujours être réservée pour les semailles de l'année suivante, et en supposant que la consommation se fait à un rythme uniforme, la quantité de céréales qui existe toujours au minimum doit être FH où F est la fraction de l'année qu'il reste à courir avant la récolte. Ainsi, F est o juste avant et 1 juste après la récolte, en mars $\frac{1}{2}$ en juin $\frac{1}{4}$, et ainsi de suite. Supposons maintenant un système monétaire simple pour distribuer cette récolte dans lequel le gouvernement émet H unités de monnaie pour l'acheter en septembre, et la vend à nouveau tout au long de l'année. Ainsi, juste avant la récolte, la communauté n'a pas d'argent et pas de céréales, juste après la moisson, H de céréales et pas d'argent, et, juste après la vente, H d'argent et pas de céréales. Cela illustre bien le caractère spasmodique de la production, que l'une des fonctions de l'argent est de combler. En mars, le gouvernement a $\frac{1}{2}$ H d'argent et de céréales, et la communauté $\frac{1}{2}$ H d'argent, en juin, le gouvernement a $\frac{3}{4}$ H d'argent et $\frac{1}{4}$ H de céréales, et la communauté $\frac{1}{4}$ H d'argent, et ainsi de suite, la quantité d'argent dans les poches de la communauté étant toujours égale en valeur au stock de céréales dans le grenier du gouvernement. Notez en particulier que le gouvernement ne doit *émettre H unités de monnaie qu'une seule fois*, et non à chaque récolte !

Il est intéressant de noter que ce système simple existe en Lettonie en ce qui concerne la distribution des céréales, l'émission, appelée billets de trésorerie, étant de 104 millions de lats (1 lat = 1 franc suisse, aujourd'hui environ 15 pour une livre) et l'autre monnaie étant d'environ trente-six millions de papier et de pièces et cinquante-sept millions de "crédit bancaire", avec une base d'or de quarante-six millions, en lats. C'est infiniment mieux que lorsque le gouvernement n'émet pas de monnaie et que les producteurs, avant la récolte, sont toujours endettés pour une partie, sinon la totalité, de la récolte qui, une fois récoltée, rembourse leur dette et les laisse à nouveau endettés pendant la totalité ou une partie de la période précédant la prochaine récolte. Le fait physique essentiel est qu'il doit toujours y avoir *FH* de céréales, sinon la communauté sera à court ou mourra de faim avant la prochaine récolte, et ce fait n'est pas modifié par le financement bancaire, dont le seul objectif social est de maintenir les producteurs de richesse dans l'endettement afin de s'assurer qu'ils travaillent dur pour le rembourser et ne se relâchent jamais. Il peut s'agir ou non d'une nécessité économique, mais si c'est le cas, ils devraient être endettés envers eux-mêmes, et *c*'est ce que l'argent est réellement et ce qu'il fait, quel que soit celui qui l'émet.

Économiser l'utilisation de l'argent est une notion fallacieuse

L'ironie de la situation veut que les méthodes inventées par le vieux banquier pour "économiser l'utilisation de l'or comme monnaie", en créant de la monnaie sans or, doivent maintenant être utilisées par l'État pour économiser le besoin de banquier (au sens moderne de monnayeur) si l'État doit continuer à exister sauf en tant qu'accessoire de la profession de monnayeur. L'idée d'économiser dans l'utilisation de la monnaie date de l'époque où il fallait chercher longtemps et de façon précaire les métaux précieux qui coûtaient en moyenne probablement beaucoup plus que ce qu'ils valaient. C'est tout le contraire qui se produit maintenant que nous comprenons que la monnaie d'or et d'argent n'incarne que sous une forme grossière et élémentaire le principe de la Richesse Virtuelle. L'argent est une dette de la collectivité envers son propriétaire. L'émetteur de l'argent disparaît avec les biens et les services qu'il obtient pour rien par l'émission et, bien qu'il puisse prétendre être responsable de l'émission et du remboursement de la dette, la dette n'est jamais et ne peut jamais être remboursée, mais, à une époque scientifique, elle continue à augmenter et à circuler à travers la communauté, échangeant ses biens et ses services pour l'éternité.

L'illustration précédente peut encore nous apprendre beaucoup de choses sur la nature de tout système monétaire. En ce qui concerne le fait qu'il y a toujours autant de blé dans les greniers de l'État que d'argent dans les poches des consommateurs, de nombreux réformateurs monétaires ont affirmé comme une évidence qu'il devrait toujours y avoir autant d'argent qu'il y a de biens et de services à vendre, et nous devrons commenter cette proposition plus tard. Mais remarquons d'abord qu'en moyenne, la moitié de l'argent des céréales, passant de zéro après la récolte à H juste avant la prochaine, se trouve toujours dans les coffres du gouvernement, "oisif et stérile" comme l'auraient déploré les anciens banquiers, mais pour la simple raison qu'il n'y a alors pas de céréales à obtenir en échange.

Jetons d'argent ou crédits de livres ?

En ce qui concerne un service public de ce type, il est clair que le gouvernement, au lieu de conserver l'argent qui lui est rendu au cours de l'année, pourrait tout aussi bien le brûler comme , afin d'éviter le risque de perte pendant la conservation, et émettre un nouveau lot chaque automne. Ou, en termes de comptabilité plutôt que de comptage, il pourrait émettre un crédit de H aux producteurs pour leur récolte et, lorsque les céréales leur sont rachetées, annuler le crédit. Cela implique une nouvelle émission de crédit à chaque récolte et sa destruction tout au long de l'année, au lieu d'une émission unique de monnaie permanente une fois pour toutes. Dans ce cas particulier, la comptabilité des crédits est encore plus fidèle à la réalité physique que l'autre, puisque les crédits correspondent toujours au grain non consommé et qu'il n'y a pas d'argent "oisif et stérile". Mais il est absolument essentiel de noter que, si le grain n'était pas en fait un monopole gouvernemental mais était acheté par des grossistes dans le cadre des affaires ordinaires d'une société individualiste, ils ne pourraient pas se permettre d'annuler les crédits lorsqu'ils revendent leur grain, pour la simple raison qu'ils n'ont pas le pouvoir de les recréer lors de la prochaine récolte. Cela n'est possible que pour un gouvernement qui dirige la commercialisation. C'est possible pour les banques parce qu'elles usurpent la prérogative des gouvernements en émettant et en détruisant le crédit de la communauté pour les biens et les services qu'elle a cédés. Les usurpateurs perçoivent des intérêts pour endetter les gens, alors que tous les gouvernements démocratiques émettraient de l'argent pour empêcher les gens de s'endetter s'ils connaissaient les rudiments élémentaires de leur métier.

Ces remarques peuvent également servir à illustrer les points de départ différents de deux écoles de réformateurs monétaires : ceux qui veulent une véritable monnaie nationale permanente émise par l'État une fois que l'augmentation de la production est prête à être distribuée, uniquement en fonction de la réglementation statistique, pour maintenir le niveau des prix constant, sans aucune autre entrave ; et ceux qui envisagent plutôt une modification et une extension du système d'émission de crédits *ad hoc* à des fins de production définies, les crédits étant détruits et recréés à nouveau à chaque tour du cycle de production et de consommation.

Les raisons pour lesquelles le premier système est préféré dans ce livre sont nombreuses, mais la principale est qu'un système qui doit utiliser une certaine forme de compteurs physiques est beaucoup moins facile à falsifier qu'un système de comptabilité. En outre, comme nous l'avons déjà indiqué, jusqu'à ce que l'on revienne à un système ouvert et sans objection, et que l'on fasse connaître toute l'expérience statistique de ce système, il y a beaucoup de questions simples, telles que la quantité correcte d'argent pour un taux donné de production et de consommation, auxquelles il est impossible de répondre avec certitude, et que, en fait, le système actuel semble avoir pour but de rendre sans réponse. Les hommes ne vivent pas seulement de pain, même au sens économique, et dans les communautés industrialisées modernes au moins, mais aussi dans une mesure croissante dans l'agriculture modernisée, il y a un flux assez constant tout au long de l'année, à travers l'ensemble du cycle de production et de consommation, de paiements pour les matières premières, les produits intermédiaires et les services dans la production, équilibrés par des paiements égaux pour les produits finis ou pour le réinvestissement. Même si la production est spasmodique, comme dans l'illustration, les hommes ne vivent pas par à-coups. Si, dans les premiers temps de la monnaie de crédit, l'une de ses fonctions était de faciliter l'augmentation de la production, aujourd'hui c'est l'inverse et le problème est de distribuer tout ce que les hommes sont déjà en mesure de produire. Dans ces conditions, il n'y a aucune raison pour que la monnaie ne soit pas permanente et physique, évitant ainsi le risque d'une comptabilité malhonnête qui peut si facilement se produire lorsque la monnaie est continuellement détruite et recréée.

Faut-il autoriser les prêts d'argent ?

Le point intéressant suivant est que, bien que le gouvernement, lorsqu'il reçoit l'argent, ne puisse pas l'utiliser pour acheter des céréales parce qu'il n'y a alors pas de céréales à acheter, rien n'empêche le producteur, lorsqu'il reçoit l'argent lors de la récolte, d'en prêter une partie avec intérêt pendant une partie de l'année à quelqu'un d'autre, qui n'emprunterait pas s'il n'était pas désireux de dépenser. Si l'on s'en tient encore à l'argent émis dans une communauté autonome en vue de la commercialisation d'une seule denrée, le grain, il est tout aussi clair que le seul grain que l'emprunteur puisse acheter est celui dont le prêteur aura lui-même besoin plus tard dans l'année, et si l'emprunteur le consomme, afin qu'il ne reste pas "inactif dans le grenier", le prêteur ne pourra pas le récupérer quand il le voudra. Toutes ces considérations simples peuvent servir à soulever la vaste question de la physique, voire de l'éthique, du prêt d'argent en général, par opposition à l'investissement véritable, lorsque l'investisseur dépense en fait son argent et ne peut le récupérer qu'en trouvant quelqu'un d'autre disposé à lui acheter son investissement. Il existe une école de pensée sociologique de plus en plus importante, qui suit les meilleures traditions du médiévalisme, contre le prêt d'argent en tant que tel, dans lequel le prêteur ne prend aucun risque, comme il le fait lorsqu'il investit son argent dans une véritable entreprise dont le succès ou l'échec est lié à sa propre fortune.

Plus on y réfléchit, plus il semble que même le véritable prêt d'argent, pur et simple, aussi essentiel qu'il puisse être de le préserver dans la phase de transition vers la nouvelle ère afin d'éviter une interférence trop grande et trop soudaine avec les habitudes et les idées commerciales, serait même aujourd'hui, dans un système de crédit-monnaie pur et bien rodé, une redondance rétrograde, défaisant d'une main ce qui a été fait de l'autre. L'argent est lui-même une dette de biens et de services, et en dehors de la question d'assurer des objectifs spécifiques - comme de permettre à un individu exceptionnellement entreprenant et capable d'accéder plus rapidement à des opportunités d'utilité sociale - prêter de l'argent ne fait que créer une nouvelle dette monétaire privée entre les individus qui, si les circonstances physiques étaient telles qu'elles justifient la création de la nouvelle dette, devrait plutôt être satisfaite par l'émission d'argent nouveau. En effet, personne n'emprunte de l'argent pour le thésauriser, mais seulement pour pouvoir consommer, normalement, bien sûr, dans le but de mettre en production de nouvelles richesses qui ne seront prêtes à être consommées ou utilisées qu'à une date ultérieure. Une dette d'argent retire donc généralement du marché la même quantité de richesse finie que si le propriétaire avait lui-même dépensé son argent et consommé ce qu'il a acheté, alors qu'en raison du laxisme qui prévaut en la matière, il se sent tout à fait libre d'appeler le prêt et de consommer à nouveau ce que l'emprunteur a déjà consommé.

Absurdité physique des prêts à court terme

Quoi que l'on puisse penser des prêts d'argent pour de longues périodes, couvrant la reproduction de la richesse consommée par l'emprunteur, lorsqu'il est en mesure de restaurer la richesse dans le système avant que le propriétaire initial de l'argent ne récupère son argent et ne puisse le retirer à nouveau du système, la pratique du prêt d'argent sur appel ou à court terme est physiquement idiote et devrait être arrêtée. Il s'agit simplement d'une possibilité mathématique et non physique, en raison de la quantité variable moins à partir de laquelle la quantité d'argent est maintenant calculée, ce que l'utilisation de compteurs physiques rendrait impossible. En effet, il ne serait alors pas possible, comme c'est le cas aujourd'hui, que le propriétaire récupère son argent sans que quelqu'un d'autre ne le cède. Les remboursements doivent dans ces conditions équilibrer les nouveaux prêts, alors qu'il n'est pas exagéré de dire que l'objet même du système actuel est d'échapper à cette limitation imposée par le bon sens ordinaire.

Comptes courants et dépôts à terme

Ceci peut servir à réintroduire le point reporté du dernier chapitre concernant la différence essentielle, dans une comptabilité correcte, entre les comptes courants et les dépôts à terme, que le système bancaire a l'habitude d'ignorer et de confondre. La somme des deux, ou "total des dépôts", représente l'argent que la banque doit à ses déposants sur demande ou à court terme. Lorsqu'un client transfère de l'argent d'un dépôt à terme vers un compte courant, cela ne fait aucune différence pour le ratio "liquidités"/crédit, et il semblerait que certaines des pires falsifications du système monétaire découlent de cette procédure tout à fait injustifiée et peu rigoureuse. Bien qu'un dépôt à terme ne soit théoriquement récupérable par le propriétaire qu'après une mise en demeure, même la période stipulée n'est généralement pas respectée. Dans le pire des cas, la banque se contente de facturer un "escompte" pour le remboursement de l'argent sans préavis, à moins qu'elle ne soit elle-même en difficulté.

Or, il est clair que si un déposant reçoit de la banque des intérêts sur son dépôt, la banque ne les paie que parce qu'elle les a elle-même prêtés à un emprunteur, vraisemblablement à un taux d'intérêt plus élevé. L'argent n'est pas plus en possession de la banque que l'or appartenant aux déposants n'est resté dans le coffre-fort des orfèvres lorsqu'ils l'ont prêté à intérêt. Si l'on définit la monnaie comme la dette de biens et de services due au propriétaire de la monnaie sur demande, alors, pour obtenir la quantité totale de monnaie existante, il ne faut pas additionner l'argent des comptes courants et celui des dépôts à terme, mais comptabiliser uniquement le premier. L'argent du dépôt à terme a été prêté par la banque, qui verse des intérêts à son propriétaire, et il apparaît soit sur le compte courant de quelqu'un d'autre, soit sur le dépôt à terme de quelqu'un d'autre.

Si c'est le cas, la même considération s'applique au nouveau dépôt à terme qu'au dépôt à terme initial. En d'autres termes, pour obtenir le total de l'argent existant, seuls les comptes courants doivent être pris en compte. Cela suppose, comme il est d'usage dans ce genre de calcul approximatif, que l'argent en dehors du système bancaire, entre les mains du public sous forme de jetons physiques, ne change pas, mais il s'agit en tout cas d'une proportion trop faible de l'ensemble pour que la conclusion soit sérieusement invalidée.

Comment le banquier évite son propre piège

Il semble probable que c'est par cette méthode qu'a été dissimulée la destruction vraiment effrayante de l'argent qui a eu lieu depuis que la politique de déflation du Comité Cunliffe a été mise en place. En regroupant les deux types d'argent, les "dépôts" qui sont les seuls à figurer dans les bilans des banques n'apparaissent pas très diminués. Il est vrai que des chiffres ont été publiés dernièrement qui donneraient à penser que le rapport entre les comptes courants et les dépôts à terme est passé, depuis 1919, d'un rapport de 2 à 1 à l'époque à un rapport de 1 à 1 aujourd'hui. Mais ces documents semblent falsifiés. Pour autant que leur source puisse être retracée, ils semblent provenir d'un tableau publié dans le rapport du Comité Macmillan. En 1922, le statisticien H.W. Macrosty s'est plaint que ces chiffres importants n'étaient pas publiés par le système bancaire britannique et il a estimé que le rapport était alors de 5 à 1, comme pour les huit cents banques principales du système bancaire fédéral des États-Unis.

Quoi qu'il en soit, il semble que le rapport i/i actuel soit le plus bas qu'il soit possible d'atteindre. En effet, les banques n'osent pas détruire l'argent qui leur est effectivement prêté par leurs déposants, sous peine d'être elles-mêmes prises au piège dans lequel sont pris ceux à qui elles ont prêté de l'argent. Ces "dépôts à terme" peuvent être exigés par leurs propriétaires à bref délai, et pour un rapport de 1 à 1, puisque l'argent des comptes courants donne l'agrégat existant, ils ne peuvent, sauf à recréer l'argent détruit, être payés qu'en transférant la totalité de l'argent des comptes courants existants sur les comptes courants des propriétaires des dépôts à terme. Le rapport de 1 à 1 obtenu par la déflation signifie que les banques ont laissé juste assez d'argent existant pour faire face à ce passif, et si cette interprétation de la situation est correcte, alors il semblerait que pratiquement tout le reste de l'argent existant ait été détruit dans leurs efforts frénétiques pour "crucifier le pays sur une croix d'or et de surabondance".

CHAPITRE V

RELATIONS ÉCONOMIQUES INTERNATIONALES

La mauvaise monnaie empoisonne les nations

Le système qui s'est développé n'aurait pas pu survivre aussi longtemps, ou rester aussi longtemps camouflé comme le contraire de ce qu'il est réellement, sans la complication introduite dans les problèmes par les transactions économiques internationales. Considéré du point de vue d'une seule communauté autonome, l'étalon-or comporte une contradiction presque évidente. Il s'agit d'un système dans lequel la monnaie était censée avoir une valeur constante par rapport à l'or et dans lequel le mode d'émission de la nouvelle monnaie était tel qu'il diminuait nécessairement en proportion la valeur du reste. En effet, comme il n'y a pas plus de biens et de services en vente qu'avant l'émission, ce qui est en vente est réparti entre davantage d'unités monétaires, de sorte que chacune d'elles perd proportionnellement de sa valeur, et la nouvelle émission ne fait que diluer la valeur de l'ancienne. Dans la pratique, cette contradiction fondamentale s'est résolue en deux parties ou phases - la période inflationniste où le niveau des prix est poussé à la hausse par les nouvelles émissions, et la période déflationniste où il est poussé à nouveau à la baisse par la destruction de l'argent. L'étape intermédiaire, l'écoulement de l'or hors du pays en tant que seul type de marchandise dont le prix est arbitrairement empêché d'augmenter, réduisant ainsi le ratio "argent liquide/crédit", est l'étape qui amène dans l'aspect international de la monnaie. La mauvaise monnaie à l'intérieur du pays compromet les affaires de la nation à l'étranger.

Banque internationale

Au fur et à mesure que l'inévitable incohérence de leur système est devenue familière aux professionnels de la banque dans les différents pays, un système correspondant de banque internationale s'est développé, travaillant main dans la main avec les systèmes bancaires internes, pour le bénéfice mutuel et la sécurité des deux parties. Ils ont ainsi étendu le champ de leurs opérations à l'ensemble du monde civilisé, ce qui leur a permis d'échapper beaucoup plus facilement à la détection et à la punition. Alors que les banques internes jouent tour à tour les classes débitrices et créancières au sein de la communauté et les maintiennent dans une lutte perpétuelle et dans la pauvreté, les banques internationales jouent le pays pauvre contre le pays riche et, en réduisant ce dernier au niveau du premier, sont les véritables agents qui fomentent et perpétuent le nationalisme agressif qui est à l'origine des conflits internationaux. *L'argent, disent les prêteurs, doit trouver son propre niveau. Ce faisant, il tire vers le bas les niveaux de vie des individus et des nations.*

Au stade de l'inflation, l'exportation de marchandises est rendue difficile et non rentable, en raison des prix élevés et de l'abondance du pouvoir d'achat sur le marché intérieur. En revanche, l'importation de marchandises, pour remédier à la pénurie de produits finis résultant du fait qu'ils ont été remis *gratuitement* aux producteurs pour qu'ils les utilisent dans la production future, est favorisée par les prix élevés sur le marché intérieur et la possibilité d'obtenir des marchandises de l'étranger au même prix qu'auparavant grâce à l'utilisation de l'or. Au stade déflationniste, c'est le contraire qui se produit. La destruction de la monnaie et l'appel à des prêts réduisent l'emploi et le pouvoir d'achat de la communauté en même temps que l'arrivée sur le marché de l'abondance des biens encore en cours de production, et il y a une chute catastrophique des prix. Les importations en provenance de l'étranger sont empêchées et, au lieu de cela, les marchandises qui ne peuvent être vendues dans le pays en raison de la destruction du moyen d'échange sont expédiées en toute hâte vers les ports pour être expédiées à l'étranger à n'importe quel prix.

Argent à vue et à court terme

Dans un premier temps, les prêts du banquier sont demandés à l'intérieur du pays, mais dans un second temps, après avoir fait appel à ses prêts internes, il dispose d'un pouvoir de prêt et ses revenus sous forme d'intérêts s'amenuisent. C'est à ce moment précis qu'apparaît la demande de prêts pour financer le commerce d'exportation. C'est dans ce contexte qu'est née l'activité de prêt d'argent à vue et à court terme aux banquiers internationaux qui financent l'expédition des cargaisons exportées et importées, sur la base de la garantie de ces cargaisons. Il est clair que l'argent créé pour ce type de transaction, essentiellement le transport, peut être rappelé et détruit beaucoup plus rapidement que l'argent investi dans la production. En divisant leur activité en prêts à long terme et en prêts sur appel ou à court terme, et en augmentant le ratio des premiers en période d'inflation et des seconds en période de déflation, les banquiers internes ont réussi à obtenir un revenu plus constant en prêtant la richesse virtuelle de la communauté, qu'ils partagent, en ce qui concerne la seconde source, avec les banquiers internationaux. Parmi les principaux postes du bilan d'une banque, à l'actif, les postes "Money at Call and Short Notice" et "Bills Discounted" se réfèrent principalement au marché international des prêts, les "Advances, Loans, etc." aux prêts internes, et les "Investments" à ce que les banques ont acheté avec l'argent qu'elles créent pour elles-mêmes dans le cadre d'opérations d'open market.

Comment le banquier international dirige le monde

En alternant les prêts et les retraits à l'intérieur du pays et les retraits et les prêts à l'étranger, les banquiers internes et internationaux jouaient le jeu les uns des autres, maintenant le monde entier dans une effervescence permanente et les niveaux de prix internes toujours en mouvement. Mais dans ce jeu sordide, le banquier international a vite appris qu'il avait la haute main, qu'il pouvait absolument contrôler la situation et forcer les banquiers internes à suivre son exemple. En effet, en prêtant à tout moment à un pays dans des circonstances qui font qu'il est plus rentable pour ce pays d'accepter le prêt non pas sous forme de marchandises mais en or, avec lequel il peut acheter dans un pays tiers ce pour quoi le prêt est réellement requis, il peut drainer l'or de chaque pays à tour de rôle. Il pouvait ainsi imposer la déflation et la chute des prix, ce qui entraînait une dépression économique prolongée, jusqu'à ce que les travailleurs soient réduits à un état d'esprit plus humble et moins indépendant. L'étalon-or ne devint pas tant un moyen de forcer, après l'inflation, les monnaies de tous les pays qui l'adoptaient, et de maintenir leur valeur d'échange relative constante, qu'un moyen de faire baisser les salaires et les prix dans tous les pays jusqu'au niveau des plus pauvres et des plus arriérés.

L'objet principal de ce chapitre sera d'essayer de clarifier quelques-unes des conséquences excessivement compliquées de ce qu'on appelle par euphémisme la banque dans la sphère internationale. Du point de vue du prêteur professionnel, et de lui seul, la prospérité est une malédiction. Son métier est la dette, son objet la création, et sa suprématie sur les créateurs de richesse dépend de l'astuce que ses prêts étant fictifs, ils ne pourront jamais être remboursés. Les frontières nationales sont désormais les seules à entraver sa domination mondiale, de sorte qu'elles doivent elles aussi disparaître.

La monnaie est une dette nationale et non internationale

La première considération concernant les transactions économiques internationales est que la monnaie d'un pays n'a de sens que dans le pays où elle a cours légal, ou peut être convertie à la demande en cours légal, pour le paiement des dettes. Il s'agit d'une dette de ce seul pays, ou d'une créance sur ses marchés et non sur ceux d'une autre nation. Pour que le rapport de change reste à un chiffre défini sans que l'or ne coule d'un pays à l'autre, il faut que dans chaque pays la valeur des ventes de sa propre monnaie contre la monnaie de l'autre pays soit toujours la même que la valeur de ses ventes de la monnaie de l'autre pays contre sa propre monnaie. Ainsi, si le taux de change entre l'Angleterre et l'Allemagne était, comme avant la guerre, d'environ vingt marks pour une livre, 100 livres sterling ne peuvent être échangées contre 2 000 marks que si quelqu'un d'autre veut échanger 2 000 marks contre 100 livres sterling. Si l'on ne propose que 1 800 marks pour 90 livres, la différence de 10 livres ne peut être échangée contre des marks qu'en achetant 200 marks avec de l'or. À défaut, les 1 800 marks valent£ 100 ou le taux de change passe de 20 marks à 18 marks pour une livre.

La deuxième considération concerne l'échange de marchandises. Ici, pour que le rapport de change ne varie pas et que l'or ne circule pas, il faut que l'excédent des importations sur les exportations soit compensé par le fait que le pays qui reçoit l'excédent (1) en soit redevable, c'est-à-dire contracte une nouvelle dette à l'égard du reste du monde, ou (2) en soit déjà redevable et reçoive le paiement d'intérêts ou le remboursement en capital d'une dette contractée antérieurement par le reste du monde à son égard. Si les exportations de équilibrent les importations (ou dans la mesure où cela peut être le cas), elles sont réglées par l'importateur de chaque pays qui paie l'exportateur de son propre pays dans sa propre monnaie. Un système élaboré de "lettres de change", de courtiers, d'accepteurs, de marchés d'escompte, etc., expliqué dans les ouvrages techniques sur l'argent, permet de réaliser cette opération. Les aspects techniques, qui concernent les moyens utilisés plutôt que l'objectif réel atteint, n'ont pas besoin de nous retenir ici.

Afin de simplifier la question complexe des transactions économiques internationales, ces deux propositions seront examinées plus en détail. Ce n'est qu'en dehors de ces propositions simplificatrices que les complications apparaissent. Toutes deux réduisent le problème à celui d'une relation entre un seul pays et le reste du monde pris dans son ensemble, afin d'éviter d'avoir à examiner les innombrables cas qui se présenteraient si l'on considérait tous les pays deux par deux, comme cela s'applique bien sûr aux transactions proprement dites. La discussion s'attache à distinguer le type de transaction qui n'a pas d'effet sur la stabilité des échanges extérieurs de celles qui les perturbent.

Les importateurs paient les exportateurs de leur propre pays

La deuxième proposition est généralement considérée comme allant de soi, mais il est bon de l'énoncer avec précision. Il s'agit du fait que dans tout pays, dans la mesure où la valeur de ses importations est compensée par la valeur de ses exportations, dans ses relations avec tous les autres pays pour lesquels il en va de même, le commerce est en réalité du troc et n'implique pas nécessairement un échange des monnaies des pays. Dans chaque pays , l'importateur paie réellement l'exportateur en monnaie de ce pays. Le cas le plus simple est celui de deux pays seulement, par exemple la Grande-Bretagne qui exporte des harengs vers les États-Unis et les États-Unis qui exportent des tracteurs d'une valeur équivalente vers l'Angleterre. Si l'importateur britannique de tracteurs paie l'exportateur britannique de harengs et l'importateur américain de harengs paie l'exportateur américain de tracteurs, chacun dans sa monnaie respective, les comptes sont au carré.

Le cas le plus compliqué serait un cas triangulaire avec, par exemple, des valeurs équivalentes de harengs exportés par la Grande-Bretagne vers la Russie, de platine exporté par la Russie vers les États-Unis et de tracteurs exportés par ces derniers vers la Grande-Bretagne. Si nous imaginons que chaque importateur remet sa propre monnaie en paiement de l'importation, la Grande-Bretagne aurait de la monnaie russe, la Russie aurait de la monnaie américaine et l'Amérique aurait de la monnaie britannique pour échanger chacune de ces monnaies contre la sienne. Si un pays, par exemple la Grande-Bretagne, prenait l'initiative d'envoyer son argent russe à la Russie en échange de son argent américain, il pourrait ensuite envoyer ce dernier à l'Amérique en échange de l'argent britannique, et tout le monde serait satisfait. C'est ce qui se passe en fait dans le cadre du système de la lettre de change. La lettre de change est une sorte de chèque inversé, émis par le destinataire de l'argent et endossé ou accepté par le payeur. Il s'agit en fait d'une reconnaissance de dette qui est exactement de la même nature qu'un chèque si elle est payable immédiatement sur demande (une "traite à vue"). Mais en général, il est payable dans les trois ou six mois à compter de l'acceptation. "L'escompte de ces effets consiste à créer maintenant l'argent que l'accepteur de l'effet devra abandonner plus tard à l'échéance. Il s'agit tout autant d'une création de monnaie, suivie de sa destruction lorsque l'effet est honoré par son accepteur, que d'un "prêt" bancaire ordinaire. Nous ne nous intéressons toutefois pas à cet aspect, bien qu'il fasse partie du chaos des relations commerciales internationales.

La balance commerciale

La proposition qui précède s'applique à un nombre quelconque de pays, quelle que soit l'imbrication des échanges de biens et de services, pourvu que dans chacun d'eux la valeur des importations soit égale à celle des exportations. En d'autres termes, le commerce international ne peut se dérouler sans complications, comme un simple troc, que si cette condition est remplie. Mais si c'est le cas, il est clair qu'il ne peut y avoir d'importations sans exportations équivalentes et qu'au lieu d'être opposés, les intérêts des exportateurs et des importateurs sont les mêmes. Littéralement, dans chaque pays, les premiers sont payés par les seconds. Mais si l'un des pays du groupe importe plus qu'il n'exporte, par exemple si la Russie importe de Grande-Bretagne plus de harengs qu'elle n'exporte de platine vers l'Amérique, il doit être exclu du groupe. En effet, dans le cas illustratif où chaque importateur paie l'exportateur dans sa propre monnaie, il n'y aurait pas assez d'argent américain en Russie pour échanger l'argent russe en Grande-Bretagne. Dans le cas le plus simple , les Russes devraient combler le déficit en envoyant de l'or en échange de leur monnaie. Tout ceci est assez simple à comprendre du point de vue de l'argent en tant que dette instantanément remboursable en biens et services sur demande dans le pays dans lequel il est légalisé (ou peut être converti à volonté en monnaie légale), mais totalement dépourvu de sens en dehors de ce pays. L'ensemble est une illustration de l'annulation de l'endettement mutuel des nations, que l'argent moderne lui-même effectue entre les individus d'une même nation. Le système des chèques, tel qu'il fonctionne dans une seule banque, est un exemple entre les clients de cette banque, et, tel qu'il est étendu par le système des chambres de compensation, entre tous les clients de toutes les banques. Dans tous les cas, seul le résidu déséquilibré compte.

Effet des prêts et des remboursements

La proposition peut être élargie pour inclure le cas des prêts, accordés par exemple par le pays A au pays B et remboursés, soit en intérêts, soit en capital, par le pays B au pays A. Nous pouvons appeler ce dernier remboursement d'intérêts et de fonds d'amortissement, pour plus de brièveté, le service des prêts. La proposition reste vraie si, dans chaque pays, la différence entre les valeurs des exportations et des importations peut être attribuée aux prêts et au service des prêts. Les premiers augmenteront les exportations sans correspondre aux importations, et les seconds les importations sans correspondre aux exportations. Considérons donc un prêt du pays A au pays B. A met en effet B en possession du pouvoir d'acheter à A des biens et des services, et si B exerce ce pouvoir, les exportations de A vers B sont augmentées en conséquence sans qu'il y ait d'importations correspondantes en A en provenance de B. De même, avec le service de prêt, B remboursant son prêt, ou l'intérêt sur celui-ci, met en effet A en possession du pouvoir d'acheter à B des biens et des services, de sorte que les importations entrent en A en provenance de B sans être équilibrées par des exportations correspondantes. Dans la mesure où cette proposition étendue s'applique à chaque nation séparément d'un groupe de nations, alors encore, quel que soit l'entrelacement et la diversité des relations entre les différents pays, le trafic international se déroule sans aucun flux d'or et sans aucune perturbation des échanges avec l'étranger. Il ne s'agit pas de nier que ceux-ci peuvent encore avoir lieu par le biais d'autres facteurs, tels que les touristes et autres personnes qui emportent ou envoient de l'argent à dépenser dans d'autres pays. Inversement, dans la mesure où ce n'est pas le cas pour l'une des nations, ses transactions doivent être isolées de celles du groupe considéré et ses comptes avec les autres ne peuvent être équilibrés que par des mouvements d'or, des fluctuations de change ou d'autres facteurs compensatoires. Si tous les pays sont à l'étalon-or, il y aura un flux d'or des pays dont les importations dépassent les exportations vers ceux dont les exportations dépassent les importations, comptabilisé de la même manière que pour les prêts et le service des prêts. S'il n'y a pas d'étalon-or, l'échange se fera au détriment des premiers et en faveur des seconds.

Les bourses étrangères

Il peut être utile d'examiner un cas simple de ce dernier. Supposons qu'aucune tentative ne soit faite pour affecter le change entre deux pays, que ce soit par des spéculateurs ou d'autres personnes détenant des devises étrangères de préférence à leur propre monnaie, ou par des tarifs et des primes. Alors les importations et les exportations, en dehors de celles qui sont payées par des prêts, des services de prêts, ou d'autres importations ou exportations directes de monnaie, *doivent être* de valeur égale, quels que soient leurs montants relatifs. Pour reprendre le premier cas, l'importateur britannique de tracteurs a des livres pour payer l'exportateur américain qui veut des dollars, et l'importateur américain de harengs a des dollars pour payer l'exportateur britannique qui veut des livres. Le rapport d'échange entre les livres et les dollars signifie et est absolument déterminé par le nombre de dollars que l'on peut obtenir pour une livre. Avant que quelqu'un en Angleterre puisse échanger ses livres contre des dollars, il faut que quelqu'un en Amérique possède des livres à échanger et veuille des dollars à la place. L'échange d'argent est un pur troc qui s'applique aux deux types d'argent exactement comme à deux types différents de marchandises, et le taux de change est simplement le rapport entre les quantités offertes et demandées de chaque type d'argent. La seule différence est que, normalement, l'argent a un instinct de repérage et que chaque type tend à retourner aussi vite que possible à son lieu d'origine, où seul il constitue une revendication légale de richesse et peut toujours et instantanément être échangé contre cette richesse.

Il n'est pas possible dans le commerce international de franchir la frontière et de remplacer une dette pour les biens et services d'un pays par une dette pour une valeur similaire de biens et services de l'autre pays. Les dettes, c'est-à-dire les sommes d'argent, doivent être échangées sur et, avant que quelqu'un puisse échanger de la monnaie étrangère contre sa propre monnaie, quelqu'un d'autre doit simultanément la vouloir et abandonner l'autre monnaie en échange. Ce n'est que dans la juridiction d'un pays que le système bancaire peut créer de l'argent comme un prestidigitateur qui fait sortir des lapins de son chapeau, puis le détruire à nouveau. Les gens peuvent penser que nos banquiers manquent singulièrement de progrès en n'ayant pas encore créé une monnaie internationale autre que l'or, mais ces personnes sont généralement plus préoccupées par leur propre confort et leur capacité à voyager d'un pays à l'autre que par quelque chose qui leur échappe totalement comme cet aspect de l'argent. Ce ne serait qu'une maigre compensation pour l'Amérique que de devoir céder, sur demande, une maison à un sujet britannique, parce que ce dernier avait une maison en Grande-Bretagne et qu'il l'a échangée avec un autre Britannique contre de l'argent.

L'étalon-or entraîne toutes les nations jusqu'au niveau le plus bas

L'objectif ostensible d'un certain nombre de pays s'unissant pour rendre leur monnaie convertible en or, c'est-à-dire adoptant l'étalon-or, était simplement de faciliter la comptabilité entre les nations. En effet, si, comme dans l'exemple précédent, la Russie exporte moins de platine vers les États-Unis que la Grande-Bretagne n'a exporté de harengs vers la Russie, la différence est compensée par un envoi d'or de la Russie vers la Grande-Bretagne, et les comptes sont équilibrés. Mais malheureusement, dans la pratique, une comptabilité internationale correcte sous l'étalon-or, fonctionnant avec une comptabilité entièrement fausse au sein des nations séparément, où l'argent était arbitrairement créé et détruit à volonté, a fini par signifier que chaque nation était à son tour frustrée et ramenée au niveau de vie qui prévalait dans les pays les plus pauvres et les plus arriérés. Tant qu'un prêt d'un pays à un autre est un prêt de biens et de services, et que le remboursement se fait également sous forme de biens et de services, il n'y a pas de fuite d'or. Les citoyens du pays débiteur sont habilités à s'inscrire sur les marchés du pays créancier dans un cas, et les citoyens du pays créancier sur ceux du pays débiteur dans l'autre. Aucun argent ne passe la frontière.

Or, il est naturel que les pays qui prêtent soient plus riches et plus développés que ceux qui empruntent au sens monétaire du terme. Mais il est tout aussi naturel, lorsque nous utilisons les mots riche et pauvre dans le sens originel de richesse ou de bien-être, que les coûts de production aient tendance à être plus élevés dans les pays riches que dans les pays pauvres. Au début, bien sûr, comme à l'époque victorienne, les méthodes scientifiques de production, en exposant le travailleur à la concurrence directe de la machine, réduisent ces coûts. C'est ce qui a permis à la Grande-Bretagne de devenir l'usine du monde entier. Mais, à mesure que ces méthodes se généralisent et que toutes les nations s'équipent des mêmes installations permettant d'économiser la main-d'oeuvre, le coût de production tendra à être le plus bas là où les salaires sont les plus bas, c'est-à-dire dans les pays où le niveau de vie est le plus bas et le moins protégé contre les réductions par les syndicats et les lois d'amélioration, telles que l'assurance chômage et l'assurance maladie.

Aucune autre considération n'est nécessaire pour comprendre que, même si les pays pauvres emprunteront aux pays riches dans un sens monétaire, les emprunteurs trouveront de plus en plus avantageux d'emprunter de l'argent plutôt que des biens et des services, et de dépenser l'argent dans des pays encore plus pauvres où les coûts sont les plus bas et où les choses dont ils ont besoin sont les moins chères. C'est alors qu'apparaît la situation triangulaire d'un pays A qui prête à un autre B qui achète non pas en A mais dans un troisième pays C, et qui paie en drainant l'or de A vers C, précipitant en A la déflation et une période de paralysie économique prolongée. Ainsi, inévitablement, l'étalon-or agit pour maintenir le monde entier aussi pauvre que la nation la plus pauvre qui est en concurrence pour les marchés.

Effet de la libéralisation des bourses étrangères

Examinons maintenant ce même cas avec des échanges absolument libres de s'ajuster. Si A prête de l'argent à B, B doit le prendre comme biens et services de A. Inversement, si B rembourse un prêt à A, A doit le prendre comme biens et services de B, parce que toute tentative d'achat dans un pays tiers C mettra immédiatement le change contre le pays qui tente d'acheter et rendra plus profitable pour l'acheteur d'éviter d'échanger de l'argent, ce qu'il ne peut faire qu'en achetant dans le pays d'où l'argent est reçu. Dans ces conditions, les échanges reflètent presque, comme ils devraient le faire, la valeur relative des monnaies, chacune dans son propre pays. Le par d'échange signifie alors les quantités relatives des différentes monnaies qui, chacune dans son pays, achètent la même quantité moyenne de biens et de services. Pour être plus précis, il n'y a en moyenne aucun avantage économique à changer de monnaie. Dans la mesure où les individus sont dans la nécessité de le faire et que leurs besoins ne s'annulent pas, le change se fera en défaveur du pays qui, tout compte fait, change sa propre monnaie pour payer une dette étrangère, facilitant ainsi le règlement de la dette directement par le transfert de biens et de services plutôt que par un échange d'argent à perte.

Habituellement, l'argumentaire est basé sur le fait qu'il est impossible de maintenir à la fois un niveau de prix interne constant et un rapport de change constant à l'étranger, et que le choix doit être fait entre les deux. Mais l'argument ici vise à montrer qu'il est tout à fait essentiel de laisser les échanges libres de trouver leur propre parité, lorsque le niveau des prix intérieurs a été stabilisé. Supposons deux pays dans lesquels la parité d'échange reflète un pouvoir d'achat égal des deux monnaies, chacun dans son propre pays. En ce qui concerne l'argument, nous pouvons, pour des raisons de simplicité, ignorer les différences de qualité entre les importations et les exportations de l'un ou entre les exportations et les importations de l'autre pays, et même supposer que chaque pays importe exactement les mêmes choses qu'il exporte, comme c'est effectivement le cas dans une certaine mesure dans notre système fou, à la grande confusion des marins. Alors, que le pays A soit gonflé et que l'autre pays A soit gonflé. A, soit gonflé tandis que l'autre, B, maintient un niveau de prix constant, les échanges étant tout à fait libres de s'ajuster. Les marchandises du pays A deviennent plus chères. Cela a pour effet de freiner ses exportations et de stimuler ses importations. Mais comme dans les deux pays, l'importateur paie l'exportateur de son propre pays dans sa propre monnaie, si le taux de change ne s'ajustait pas de lui-même, les importateurs de A paieraient aux exportateurs plus de marchandises qu'ils n'en ont exportées, tandis que les importateurs de B paieraient aux exportateurs de B moins que ce qu'ils ont exporté, ce qui, comme le dirait Euclide, est absurde. Le fait d'imaginer que les biens importés sont les mêmes que ceux exportés ne fait que rendre plus clair ce qui tend à se produire, sans pour autant déformer la vérité. Les dettes contractées par A dans B, sur la balance des importations en excédent des exportations, ne peuvent être compensées que par l'échange de la plus grande quantité d'argent de A dans B contre la plus petite quantité d'argent de B dans A, puisque chacune est inutile aux exportateurs qui fournissent les marchandises tant qu'elle n'est pas échangée contre l'autre. Or, c'est exactement ce qui s'est passé, puisqu'il faut une plus grande quantité d'argent de B pour acheter en B les mêmes marchandises qu'auparavant. Loin d'essayer d'égaliser le change, toute tentative en ce sens revient à voler Pierre pour payer Paul, et plus vite le change se retourne contre un pays qui dévalorise sa monnaie, mieux cela vaut pour tous les intéressés. Mais la spéculation privée sur les devises étrangères doit être complètement arrêtée et l'échange de la monnaie nationale contre celle d'autres pays doit également être placé sous le contrôle direct de la nation.

Utilisation correcte de l'or

Rien dans tout cela ne s'oppose non plus à ce que l'or soit utilisé comme une marchandise commode pour corriger des perturbations purement temporaires ou spasmodiques des échanges. C'est d'ailleurs à cela qu'il convient parfaitement. Mais il doit être considéré comme une marchandise et dissocié de sa fonction d'"étalon-or", qui consiste à réduire ou à augmenter par trente fois la quantité totale de monnaie par ses sorties et ses entrées. Une monnaie stabilisée à un indice constant ou à un niveau de prix constant par l'augmentation de la quantité totale de monnaie, à mesure que l'augmentation de la production met sur les marchés des quantités accrues de biens à consommer, trouverait toujours un avantage à détenir en moyenne une certaine quantité d'or pour stabiliser les échanges. Si un autre pays dont la monnaie est convertible en or se mettait à gonfler, ses importations accrues seraient payées par des sorties d'or tant qu'il en aurait, mais l'or accumulé dans le pays qui exporte vers lui aurait tendance, dans ce système, à valoir moins qu'avant, par rapport à la moyenne des autres marchandises. Il s'agirait là d'un effet de même nature que l'échange allant à l'encontre du pays qui avilit sa monnaie. Mais, en ce qui concerne le pays dont la monnaie est stable, l'or n'est qu'une des marchandises qu'il peut acheter à l'étranger et, outre la commodité de l'utiliser pour atténuer les fluctuations spasmodiques du change, il est libre d'en importer ou d'en exporter autant ou aussi peu que cela peut être avantageux pour lui sur le plan économique.

CHAPITRE VI

EXIGENCES PHYSIQUES D'UN SYSTÈME MONÉTAIRE

L'ARGENT dans la nouvelle économie

Il a été nécessaire d'examiner en détail l'évolution du système monétaire existant et de montrer comment il contribue à maintenir le monde dans sa situation actuelle, extrêmement dangereuse et explosive. Au cours de cet exposé, certaines suggestions ont été faites en vue de sa réforme. Celles-ci dépendent, au moins en partie, de l'interprétation nouvelle et originale des réalités physiques de l'économie qui a été traitée dans une certaine mesure dans l'introduction. Elles seront probablement beaucoup plus facilement comprises par ceux qui sont engagés dans des activités productives que par ceux qui sont formés dans des habitudes de pensée périmées, parmi lesquels, malheureusement pour le monde, la plupart des dirigeants et des administrateurs ont été choisis jusqu'à présent.

Il n'est pas possible de mélanger ces anciennes et nouvelles philosophies, pas plus qu'il n'est possible de mélanger la science avec la sorcellerie et la magie, ou qu'il n'est possible pour un homme moderne de penser et d'agir dans le même horizon d'idées qu'un peuple primitif. Surtout, la nouvelle économie de l'abondance ou le système monétaire nécessaire pour la distribuer ne peuvent être expliqués en termes de l'ancienne économie de la rareté. Dans cette nouvelle philosophie, l'argent lui-même apparaît pour la première fois sous son vrai jour : au lieu d'être, il n'est que le reçu d'une richesse à laquelle on a volontairement renoncé pour l'obtenir ; en bref, il sert de jeton de crédit. Aujourd'hui, nous laissons le monde entier sous l'emprise de gens qui ont découvert le moyen de se faire céder des richesses sans même imprimer de reçus ; dans une civilisation scientifiquement contrôlée, l'émetteur d'argent aurait à l'égard du reste de l'organisme économique à peu près la même fonction que le préposé aux réservations d'une gare a à l'égard du reste du service ferroviaire. *De même que ce dernier doit rendre compte de l'argent qu'il reçoit en échange des services ferroviaires qu'il distribue, l'autre devrait rendre compte des biens et services qu'il reçoit en échange de l'argent qu'il distribue.* Une idée aussi simple que celle-ci est le point de départ de nouvelle ère. Il est vrai que les billets d'argent sont permanents et qu'une fois émis, ils circulent éternellement sans être détruits ou annulés. Mais à part cela, les considérations de bon sens sont très semblables à celles qui s'appliquent aux chemins de fer.

La richesse ne manque pas

Dans la nouvelle économie, il n'y a plus aucune difficulté à créer de la richesse. Le travail et le capital sans emploi n'attendent que l'ordre de procéder à cette création. S'il était entendu une fois pour toutes que, lorsqu'ils l'auront fait, l'argent sera émis par la nation pour distribuer le produit au même niveau de prix que celui qui a prévalu lorsque les coûts liés à leur production ont été encourus, rien d'autre ne serait nécessaire pour assurer que tout le travail et le capital au chômage soient mis en permanence en pleine activité productive. À partir de ce moment, la nation travaillerait naturellement à la création de richesses pour la consommation et l'utilisation comme, pendant la guerre, elle travaillait à la création de richesses pour la destruction. L'auteur estime qu'il est exagéré de supposer que le moment est venu où il est impossible d'employer utilement une partie de la main-d'œuvre et du capital disponibles. Il est certain qu'une réorientation considérable du système de production pour répondre aux nouvelles conditions peut être nécessaire, mais pendant longtemps encore, nous aurons pleinement recours à tous ceux qui sont capables de contribuer à la reconstruction du monde.

Mais ceux qui souhaitent en savoir plus sur les principes à observer pour parvenir à ce résultat doivent être prêts, à ce stade, à couper les ponts et à se séparer de la vieille école métaphysique des économistes, qui ne se rendaient pas plus compte des implications physiques sous-jacentes du sujet que l'homme sans formation technique. Pour un scientifique, il est presque incroyable qu'un groupe d'hommes, se présentant comme des experts en la matière, n'ait pas réussi, pendant près d'un siècle, à faire une distinction claire entre les conséquences d'un véritable prêt et celles de qui prétendent prêter en créant de l'argent frais sous forme de "crédit bancaire

Motif

La différence entre l'économiste et le sociologue, d'une part, et l'esprit scientifique, d'autre part, ne saurait être mieux illustrée que dans le traitement des motivations humaines, à propos desquelles on aurait pu s'attendre à ce que les premiers contribuent davantage que les seconds. L'économiste n'y voit rien de plus profond que le désir de "profit" de la part d'une horde compétitive d'individus avides. Le sociologue remplit des volumes avec des discussions sur les " - ismes ", personnifiant sous la forme traditionnelle de dieux et de démons, et donnant des lettres majuscules à des protagonistes imaginaires inventés pour expliquer rien de plus humain que les erreurs de comptage et l'escroquerie économique, plus grossière (parce que plus universelle), que la falsification des poids et des mesures. Le scientifique tient pour acquis que, dans une société individualiste, si les hommes ne parviennent pas à gagner leur vie d'une manière ou d'une autre, ils doivent cesser d'exister par le processus ordinaire de la famine, et qu'ils feraient mieux de ne pas être nés. Il reconnaît cependant qu'il n'existe aucune puissance sur terre, ni d'ailleurs en enfer, qui puisse empêcher de façon permanente les hommes d'utiliser tout ce que leur savoir et leur habileté peuvent tirer de la nature pour leur subsistance, parvenant ainsi à une théorie large et satisfaisante de la guerre, de la révolution, du sabotage et des conflits sociaux, qui va comme un gant à l'époque actuelle.

La richesse existante

Il peut être utile de commencer cette brève étude des principes physiques évidents qui doivent être observés si l'argent doit jouer son rôle correct dans une communauté individualiste, par une proposition banale mais physiquement importante. Si nous considérons tout ce qui a une valeur économique et qui distingue la civilisation actuelle de toutes les précédentes, nous pouvons être sûrs qu'il a été produit et qu'il n'est pas encore consommé. Dans notre civilisation avancée, il est rare que les gens trouvent ou fabriquent les choses qu'ils désirent. Dans la pratique, les hommes se cantonnent généralement à une forme de travail spécialisé, en s'appuyant pour le reste sur les activités d'autres personnes. C'est ce que l'on appelle la division du travail et, bien qu'au sens sociologique du terme, cette expression désigne de plus en plus souvent une échelle sociale avec un milieu surchargé de travail et des loisirs volontaires ou involontaires aux deux extrémités, c'est le sens purement économique de l'expression qui est visé. Les choses produites directement par leurs propriétaires pour l'usage et la consommation, étant exceptionnelles, peuvent être considérées comme produites par des personnes qui s'emploient elles-mêmes, mais qui ont besoin de subsistance pendant qu'elles le font, tout comme celles qui sont employées pour produire pour d'autres. Il est donc naturel de distinguer deux *objectifs* principaux *pour* la richesse, selon qu'elle est consommée pour vivre, dans la "consommation absolue", comme l'a dit Ruskin, ou pour produire de nouvelles richesses pour un usage et une consommation futurs.

Consommation pour la production et les loisirs

La distinction est exprimée de manière vague dans la connotation monétaire ordinaire des termes "dépenser" et "gagner". Mais, d'un point de vue physique, ces deux actions impliquent également la consommation de richesses consommables et l'utilisation de richesses non consommables ou permanentes, même si les choses consommées ou utilisées, que ce soit pour vivre simplement ou pour produire pour l'avenir, peuvent différer dans le détail. Mais ce n'est pas seulement cela qui explique une certaine confusion de pensée dans ce domaine. A l'ère du besoin, la plupart des gens ne demandaient pas plus et étaient heureux d'obtenir autant que ce qui leur permettait de se maintenir dans un état et un confort raisonnables en vue de la production. Les salaires, ou d'ailleurs les traitements, du moins dans les classes inférieures exposées à la concurrence, n'ont jamais été fixés autrement que par la rémunération moyenne nécessaire pour permettre au travailleur d'exercer son métier efficacement, de la manière habituelle, avec le niveau de vie et le statut social habituels pour ce type de métier, et pour suffire à l'entretien d'une famille ou à la formation d'une nouvelle génération qui exercera les mêmes métiers. Il est vrai qu'il y a toujours eu une élasticité considérable dans la détermination de la rémunération, ainsi que dans le degré de confort et de satisfaction que des personnes différentes retirent de la même rémunération, en fonction d'une immense gamme de circonstances et d'aptitudes individuelles.

Mais à l'ère de l'abondance potentielle, avec les possibilités de loisirs de plus en plus nombreuses offertes par l'efficacité croissante du processus de production, la distinction devient beaucoup plus importante, et il semble souhaitable de distinguer plus nettement cette utilisation dans la "vie juste", la véritable utilisation des loisirs, de l'autre. Les loisirs ne sont plus un luxe ou une récompense de vieillesse, mais une nécessité économique universelle, en dehors du processus de production, et tout à fait en dehors de ce que le terme signifie habituellement - des loisirs suffisants pour maintenir le travailleur en bonne santé mentale et physique. On peut s'attendre à ce que la mort seule débarrasse le monde de ceux qui, souvent peu productifs eux-mêmes, considèrent pourtant un salaire supérieur au niveau de subsistance comme un symptôme malsain et nécessitant une correction financière par la déflation. Il ne fait aucun doute que, sur le plan psychologique, cette situation est à l'origine de la politique financière désastreuse menée par le pays depuis la guerre.

Richesse en biens de consommation et en capital

Mais du côté physique, il existe une division très réelle de la richesse en deux catégories, tout à fait en dehors de celle que nous venons de souligner, qui, bien qu'ayant également un caractère intentionnel ou fonctionnel, dépend de caractéristiques physiques tout à fait différentes. Il s'agit de la distinction entre les richesses consommables et celles qui ne le sont pas. C'est sur cette distinction que la nouvelle économie a mis l'accent. L'importance fondamentale de cette distinction échappait totalement à l'ancienne économie. Les confusions existantes, notamment sur , quant à la nature du terme caméléon de Capital, y compris toutes ses dérivations et ramifications dans les controverses sociologiques concernant le "capitalisme", semblent trouver leur origine principalement dans la négligence de cette différence essentielle. Ainsi, pour Marx (1859), "la richesse des sociétés dans lesquelles prévaut un mode de production capitaliste se présente comme une immense accumulation de marchandises". Alors que pour un nouvel économiste guidé par la théorie énergétique de la richesse, comme nous l'avons déjà indiqué, une immense accumulation de marchandises ne ferait que pourrir. Il est tout à fait impossible et d'ailleurs très peu rentable d'essayer d'accumuler suffisamment de richesses, ne serait-ce que pour permettre à l'individu de passer le cap de la vieillesse. Il a quotidiennement besoin de nouvelles richesses, et l'accumulation se fait sous forme de dettes et non de richesses. De plus, ces dettes de capital ont la même particularité que l'argent lui-même en tant que dette. Elles ne peuvent jamais être remboursées !

Pour l'individu, il importe peu que la créance qu'il possède sur le revenu commun de la richesse soit une dette pure, comme la dette nationale, lui procurant un revenu fourni par l'imposition de ses revenus et de ceux des autres, ou qu'elle dérive de la production d'une entreprise productrice de revenus à laquelle il a prêté ou confié de l'argent et qu'il a ainsi contribué à mettre en route. Mais même dans ce dernier cas, le capital productif de l'entreprise elle-même n'a généralement presque aucune valeur, si ce n'est celle de la ferraille, s'il n'est pas utilisé dans le but particulier pour lequel il a été fourni, ou si de meilleurs moyens de répondre au besoin sont inventés.

Dettes en capital non remboursables

Dans ce sens, le capital productif n'est une richesse pour l'individu que parce que (1) il peut être échangé contre de la richesse avec un autre individu ou (2) parce qu'il peut demander un loyer ou une location pour l'utilisation de l'usine qu'il a contribué à fournir. S'il n'est pas détenu par l'État, il n'est, du point de vue de la collectivité, comme la dette nationale, qu'une source de revenus pour le propriétaire de la dette au détriment du reste de la collectivité. Les deux sont également physiquement irrécupérables.

La considération essentielle qui sous-tend ce qui précède est que, bien que les deux catégories de richesse puissent s'échanger entre les individus, l'une ne peut être transformée en l'autre à volonté. Le changement ne peut se faire que dans un sens, de la richesse consommable à la richesse permanente, en nourrissant et en entretenant les producteurs de richesse. C'est une question de choix que les producteurs élèvent des porcs et cultivent du maïs ou construisent des usines, et l'entretien requis par un type de producteur n'est pas essentiellement différent de celui requis par l'autre. Mais le choix, une fois fait, est irrévocable. Du point de vue de la nation, l'échange d'une sorte de richesse contre l'autre, que ce soit A ou B qui possède l'une ou l'autre, n'a pas d'importance. L'un possède la richesse et l'autre la dette, exactement comme dans l'échange entre la richesse et l'argent.

Considérations énergétiques

Cette distinction physique entre la richesse consommable et la richesse non consommable est à la base une distinction énergétique. Dans la catégorie des biens consommables proprement dits, tels que la nourriture, le carburant, les explosifs et autres produits similaires, il s'agit de choses qui sont utiles parce qu'elles sont consommables ou destructibles. Dans la catégorie des richesses permanentes, nous traitons des choses qui sont utiles parce qu'elles sont durables et résistent à la destruction. Dans cette catégorie, il est habituel de distinguer la richesse permanente dont les gens font usage et dont ils ont besoin dans leur vie personnelle et domestique de celle qui relève de leurs activités en tant que producteurs, et à laquelle le terme "capital productif" peut être appliqué sans ambiguïté. Pour les premiers, l'expression "biens personnels" suffit. Avant de quitter ce point, approfondissons un peu la raison pour laquelle cette distinction est si fondamentale. Les qualités physiques opposées sont, superficiellement, la capacité de changer et la capacité de durer, ou la capacité de changer et la durabilité, mais cela ne fait que dissimuler une signification plus profonde. Les premières, par leur changement, fournissent le flux d'énergie qui actionne les êtres animés et les mécanismes inanimés, mais, pour les secondes, c'est l'inverse qui se produit, parce qu'elles sont tenues de durer. Ils ne sont pas du tout utilisés comme réservoirs internes ou sources d'énergie, mais doivent être capables de résister au changement ou à l'altération lorsqu'ils sont soumis à une force ou à une contrainte extérieure. En effet, les changements spontanés dans la sphère matérielle ne se produisent qu'à l'adresse et s'accompagnent d'un changement d'énergie analogue à celui de l'eau qui dévale une pente. Nous distinguons en fait les choses qui peuvent changer, en produisant un tel flux d'énergie qui actionne la vie, et celles qui peuvent résister au changement lorsqu'elles sont soumises à une énergie qui tente de s'écouler (force ou stress).

Dans la pratique, nous distinguons, dans les cas limites, par la fonction, c'est-à-dire par celle des deux qualités opposées qui est la plus utile. Les vêtements et autres objets semblables, qui doivent durer le plus longtemps possible, sont considérés comme permanents, bien que la mode les fasse passer plus que nécessaire dans la classe des produits consommables, les motifs du producteur et du consommateur étant (dans notre monde de fous) antagonistes. Alors qu'un steak de boeuf, aussi solide soit-il, n'est utile que dans la mesure où il est consommable, et dans la mesure où il résiste à la digestion, il est indésirable.

Capital productif non distribuable

Dans ce sens du Capital, en tant que produit non consommable de la consommation de richesses consommables, il n'y a pas de distinction, par exemple, entre une maison utilisée comme habitation privée et une maison utilisée comme usine. Toutes deux sont le produit d'une dépense de travail ou d'énergie et, dans la mesure où elles peuvent être elles-mêmes des sources d'énergie (en s'écroulant ou en prenant feu), elles sont indésirables. Mais du point de vue de la consommation, il y a cette distinction importante qu'une maison privée entre dans le marché des consommateurs comme l'un des produits nécessaires à l'usage des consommateurs, alors que l'usine n'y entre pas. Sa finalité est intermédiaire, comme Ruskin l'a remarqué à propos du Capital, et elle ne quitte jamais le système de production. Elle peut changer de mains à l'intérieur du système de production, mais cela n'a pas de signification nationale particulière en ce qui concerne la comptabilité reflétant son existence. Pourtant, les deux sont essentiellement identiques tant que l'on ne considère que leur mode de production. C'est sans doute ce que pensait J.S. Mill lorsqu'il déclarait : "La distinction entre le capital et le non-capital ne réside pas dans la nature des marchandises, mais dans l'esprit du capitaliste, dans sa volonté de les employer à une fin plutôt qu'à une autre". Néanmoins, lorsqu'il a pris sa décision et qu'il est passé à l'acte, une distinction très importante s'opère. Depuis l'époque d'Adam Smith, il est courant de qualifier de capital un stock de marchandises et d'installations mentalement marquées pour être utilisées dans la production et, à partir de là, d'étendre l'utilisation du mot à l'argent destiné à cette fin.

En économie, il est impossible d'établir des définitions ou des distinctions logiques étanches et universellement applicables dans tous les cas. Même en mécanique, les lois deviennent différentes lorsque nous traitons de vitesses comparables à celle de la lumière, bien que dans le domaine de l'ingénierie pratique, ces complications soient, du moins jusqu'à présent, totalement insignifiantes. Mais il faut une utilisation cohérente et précise des termes dans le domaine, souvent très étroit, auquel s'applique l'argument. Il est beaucoup plus important qu'ils aient un sens précis et connu que leur sens soit rendu si large et si vague qu'il puisse couvrir toutes les éventualités imaginables. Car alors, comme dans les controverses politiques et sociologiques, ils peuvent signifier une demi-douzaine de choses différentes à différents moments au cours d'un seul argument. Il en va de même pour le mot "capital" : il serait probablement préférable de ne jamais l'utiliser du tout.

Le capital sous le communisme et l'individualisme

Dans le cadre du présent ouvrage, l'utilisation du terme se limite au produit non consommable de la richesse consommable utilisé pour la production de la richesse, et il est considéré comme la sous-catégorie de la richesse permanente, qui se distingue des possessions privées par sa fonction de production. Ce ne sont pas les intentions qui nous intéressent, mais les conséquences physiques des actions. C'est seulement dans ce sens que les controverses concernant la nationalisation des moyens de production, de distribution et d'échange, et les différences entre le communisme et l'individualisme ont un sens réel. Les formes de gouvernement ont beaucoup moins d'importance qu'on ne le pense. Ainsi, la nécessité du capital dans le sens indiqué ci-dessus, en général juste en proportion du progrès de la civilisation, n'est plus remise en question. Chaque nouveau progrès dans la production est dû à quelque chose d'analogue à l'évolution de la charrue vers le tracteur, exigeant que de plus en plus de personnes soient mises de côté et entretenues tout en produisant et en maintenant en état les installations nécessaires à la production, mais sans produire réellement quoi que ce soit dont le consommateur final a besoin.

Dans un État communiste, cela n'est pas moins vrai que dans d'autres. Là, le gouvernement, en tant que propriétaire de tout, prend tout ce dont il a besoin, non seulement pour ses propres services, mais aussi pour la fourniture de nouveaux capitaux, et les producteurs réels obtiennent alors tout ce qui peut rester de la richesse consommable et utilisable à titre privé. Dans une société individualiste, pour laquelle nous explorons le rôle que l'argent doit jouer, le capital est fourni par "l'investissement", ce qui signifie que les gens, au lieu de consommer tout ce qu'ils gagnent à titre privé ou personnel, donnent à d'autres le pouvoir de le dépenser dans des entreprises productrices de revenus, sur la production desquelles ils acquièrent un privilège ou une créance. Mais après cela, ils ne peuvent récupérer leur capital sous une forme qui leur soit utile qu'en échangeant leur créance avec quelqu'un d'autre contre de nouvelles richesses.

Il en résulte que, dans tout État moderne et individualiste, il y a toujours une très grande quantité de production en cours qui n'ajoute rien directement aux produits que les gens achètent en tant que consommateurs, et qui doit être expliquée par l'"investissement" ou une certaine forme d'"épargne", dans laquelle les titres de consommation sont abandonnés par leurs propriétaires et transférés à d'autres. De plus, cette partie des dépenses est nationale, tout à fait irrécupérable et impayable.

Tous les coûts de production sont distribués aux consommateurs

Le fait que cette consommation de "capital" soit destinée à alléger le travail et à réduire les coûts de la production future et, si elle réussit, qu'elle le fasse effectivement, n'affecte en rien la comptabilité. En physique, il n'y a ni intérêt ni escompte, ni prêt ni emprunt. Tout cela ne fait que renvoyer à des accords mutuels sur la propriété que les gens peuvent choisir de conclure entre eux. Les divers éléments qui composent le coût ou le prix n'entrent pas non plus dans la comptabilité physique, pas plus que les distinctions entre la proportion relative des matières premières, de la main-d'œuvre, des frais généraux, des bénéfices, des intérêts et des loyers, ou entre le prix de gros, le prix de détail, le prix de revient, le prix de vente, etc. Nous ne nous préoccupons pas de la manière dont le coût ou le prix est réparti entre les différents participants, mais simplement du total, en étant très sûrs que quiconque le reçoit, et à quelque titre que ce soit, en jouira pleinement, qu'il soit gagné ou non, juste ou injuste, pour des services positifs ou simplement négatifs et permissifs. Bien que de nombreux éléments de ce type puissent évidemment faire une grande différence pour le bien-être social d'une communauté et, en particulier, pour la proportion relative qu'une société individualiste peut choisir d'utiliser sa richesse pour la consommation et l'utilisation personnelles ou pour des dépenses productives, ces éléments sont tous *postérieurs à la* question mécanisme de comptabilité.

Production pour les consommateurs

Séparons les deux fonctions essentielles qui se déroulent toujours ensemble, pour les voir chacune en soi, et supposons que nous ayons affaire à un système qui n'augmente ni ne diminue sa production, et à une monnaie dont l'indice de prix du pouvoir d'achat est constant. En ce qui concerne la production et la consommation de richesses à des fins privées et personnelles, nous pouvons diviser la circulation proprement dite de la monnaie en deux moitiés, la moitié production et la moitié consommation du cycle. Les deux moitiés du cercle se rejoignent (1) lorsque l'argent est versé à partir de la moitié production sous forme de salaires et de services, pour injecter de la richesse dans la production, et se retrouve ainsi dans les poches des consommateurs (2) lorsque l'argent est reversé par les consommateurs dans le système de production pour acheter le produit qu'ils ont fabriqué au cours d'une période de production antérieure équivalente. La circulation de l'argent est sans fin, seule la richesse consommable, et utilisable par le privé, produite sortant au niveau (2) pour la consommation. Le total des sommes versées pour la production d'une quantité déterminée de choses produites est le prix, et ce n'est que parce que cet argent est versé que le produit peut être acheté et que le même argent est utilisé à nouveau pour produire une nouvelle quantité. Le même argent circule encore et encore, distribuant une succession infinie de biens et de services au consommateur.

Comme nous l'avons déjà indiqué, c'est une erreur de débutant d'imaginer que tous les coûts encourus par l'industrie ne sont pas distribués pour acheter le produit. Il est tout à fait erroné de supposer qu'il existe une différence entre eux. Les frais généraux, les intérêts, les loyers et les profits, tout comme les salaires et les coûts des matériaux, sont tous des paiements à des individus qui ne les accumulent pas dans leurs bas, mais les dépensent ou les investissent, en leur qualité de consommateurs privés, exactement comme les autres personnes. En ce qui concerne ce seul objectif, la production et la distribution aux consommateurs finaux, les coûts encourus équilibrent les coûts distribués.

Production pour les producteurs

Mais si l'on considère la deuxième finalité, la production de capital, le produit n'est jamais distribué aux consommateurs, mais reste toute sa vie utile dans le système de production. Lorsqu'une usine est construite, elle est payée par les gens, au lieu d'aller dans le marché des consommateurs pour acheter des choses pour leur usage et leur consommation personnels, qui la retournent directement dans le système de production et autorisent les producteurs à la dépenser à nouveau sous forme de salaires, etc. pour construire l'usine, mais l'usine n'est jamais distribuée aux consommateurs et ne pourra jamais l'être. On peut exprimer cela en disant que l'investissement ou l'épargne contourne le marché des consommateurs. L'argent qui circule, au lieu de retirer la même quantité de richesse qu'il introduit à chaque révolution, circule maintenant deux fois dans le système de production en créant de nouveaux biens, mais ne les retire qu'une seule fois, ce qui entraîne une augmentation de la richesse dans le système de production. Mais cette augmentation est du "capital productif", inutile pour les besoins des consommateurs et, en fait, elle n'est jamais distribuée du tout.

L'accumulation des dettes

Le capital productif est constitué par la création d'une dette permanente et irrécouvrable appartenant à l'investisseur et lui étant due à perpétuité. Il en va de même, nous le verrons bientôt, pour toute augmentation de la quantité de biens de consommation en cours de production, ainsi que pour le capital fixe, et c'est là l'erreur de comptabilité la plus importante commise jusqu'à présent par les économistes monétaires, car tant que cela n'est pas compris, il est tout à fait impossible de maintenir une valeur fixe pour l'argent ou un niveau de prix constant. Tant en raison de l'augmentation du capital fixe, du remplacement et du renouvellement des installations obsolètes, qu'en raison de l'augmentation des biens en cours de production dans une ère d'expansion, si cette expansion ne doit pas être éphémère, le système de production distribue *beaucoup plus d*'argent qu'il n'en reçoit pour les produits qu'il distribue, et la différence constitue la dette de capital qui s'accumule et sous laquelle toutes les nations gémissent aujourd'hui de la même façon.

Solution au problème du chômage

Le problème immédiat à résoudre est de ramener immédiatement à la production utile la totalité de la main-d'oeuvre et du capital disponibles au chômage. L'estimation la plus prudente est qu'il en résulterait immédiatement dans ce pays une augmentation de vingt-cinq pour cent. Cela signifie qu'en l'espace de quelques mois , tout le monde serait en moyenne vingt-cinq pour cent mieux loti qu'auparavant. Mais l'augmentation réelle qui en résulterait, si la production n'était plus étouffée par la manipulation de l'argent, ne peut être estimée à partir des chiffres actuels, car une grande partie de la production est aujourd'hui distribuée en accumulant des coûts de distribution redondants et superflus, ce qui ne serait plus nécessaire. Il est tout à fait correct d'émettre de l'argent frais après que l'augmentation du taux de production a eu lieu suffisamment longtemps pour que la quantité accrue de biens apparaisse sur le marché. Les détaillants disposent alors de nouvelles marchandises d'une valeur égale à la nouvelle monnaie émise pour les distribuer. Mais il est tout à fait erroné de l'émettre en tant que dette envers l'industrie afin de permettre le *démarrage de la* nouvelle production. C'est exactement comme si l'on créait un bureau de réservation avant la construction du chemin de fer et que l'on finançait la construction du chemin de fer par la vente anticipée de billets.

Coût de l'augmentation de la production non remboursable

Un simple exemple peut servir à clarifier ce point essentiel. Supposons que l'on souhaite une distribution supplémentaire hebdomadaire de marchandises d'une valeur d'un million de livres et qu'il faille trente semaines entre le début et la fin de la production pour que le premier nouveau million de livres apparaisse à la vente, après quoi une quantité similaire apparaîtra chaque semaine. Si les coûts de production sont uniformes pendant la période de production, l'apparition du premier nouveau million de livres de richesse correspond à la dépense non pas d'un million de livres mais de quinze millions de livres - en général, de la moitié du produit du temps en semaines et de la quantité produite par semaine. Outre le produit fini, il y aura trente semaines de production de produits non finis dont la valeur varie de zéro au début à la totalité à la fin, et qui représentent en moyenne la moitié de la valeur du produit fini. Tout cela est déduit de la valeur de l'argent existant par l'octroi d'un crédit au producteur sans que personne ne renonce à quoi que ce soit. L'argent perd de sa valeur proportionnellement à l'augmentation car la nouvelle émission retire du marché l'équivalent des produits finis sans en remettre sur le marché. Quant aux quinze millions de livres d'intermédiaires qu'elle introduit, *cette quantité doit rester là pour toujours,* autant d'entrées que de sorties, à moins que l'échelle de production nouvellement augmentée ne soit ramenée à ce qu'elle était à l'origine.

Le cas est tout à fait analogue au fait de commencer à distribuer du pétrole au moyen d'un nouvel oléoduc et d'omettre de comptabiliser la quantité nécessaire pour remplir les tuyaux. Il faut toujours mettre plus de pétrole qu'il n'en sort, de sorte que cette partie de la richesse fluide vendable doit être comptabilisée dans le système monétaire exactement comme du capital fixe et payée par un investissement permanent, dans lequel le marché des consommateurs est contourné et l'argent payé hors du système de production y est réinjecté directement sans rien en retirer.

L'échange de propriétaires comparé à la création de richesses

Avant de quitter les complexités relatives aux échanges entre la richesse et l'argent, que le terme vague de " circulation ", au lieu d'élucider, a embrouillées et qui ont conduit les économistes à toutes sortes d'impressions sur sa " vitesse " et sur les changements qui résultent des augmentations et des diminutions de celle-ci en augmentant ou en diminuant le taux de production de la richesse, nous pouvons, pour être complets, considérer quelques-unes des opérations les moins essentielles. La division du cycle en deux parties, un côté producteurs et un côté consommateurs, est un moyen d'éliminer les échanges non essentiels, et il reste à les examiner. Ils sont de la nature des changements d'identité des propriétaires individuels de biens. Du côté des consommateurs, toutes sortes d'échanges ont lieu, principalement en ce qui concerne les possessions permanentes, les ventes de maisons, de propriétés, de meubles, et il en va de même, du côté de la production, en ce qui concerne les usines, les fabriques et les investissements représentant la propriété ou les créances sur le système de production. Il ne semble pas non plus important que les individus possédant des biens privés puissent les échanger contre des investissements en capital et vice-versa, car dans ce cas, les propriétaires échangent les côtés en laissant la richesse là où elle se trouvait. La circulation monétaire proprement dite se distingue de tous ces simples échanges de propriété en ceci qu'elle est essentiellement un échange de services pour la création de nouvelles richesses finies, et ce n'est que dans cet échange que de nouvelles richesses apparaissent.

La quantité de monnaie ne peut être calculée

Mais cette complexité montre qu'il n'est pas possible de calculer à l'avance la quantité exacte de monnaie à émettre pour distribuer une augmentation donnée du taux de production. On ne peut pas se contenter de dire qu'il doit toujours y avoir autant de monnaie que de marchandises à vendre. Dans le même ordre d'idées, des auteurs récents ont attiré l'attention sur la plus grande quantité d'argent "absorbée" dans le système de production du fait de la complexité croissante des méthodes de production et du nombre d'organisations différentes qui manipulent en série les richesses en cours de fabrication, ce qui est l'une des conséquences de la division du travail. Il faut éviter les calculs interminables de ce type.

Les habitudes et coutumes prévalant tant chez les producteurs que chez les consommateurs ne peuvent être éliminées de la question de la quantité de monnaie qui devrait exister pour distribuer, à un niveau de prix constant, une production donnée, ou de la façon dont cette quantité doit être augmentée au fur et à mesure que la production s'accroît. Ainsi, dans l'illustration donnée, il ne faudrait qu'un million de livres de monnaie nouvelle si, après que le système se soit stabilisé à la production accrue, il fallait en moyenne une semaine pour que la monnaie, après sa présentation au marché des consommateurs, y arrive à nouveau. Il n'est guère possible de le deviner, même à partir des données existantes concernant un système monétaire dans lequel la quantité est calculée à partir d'un nombre négatif toujours variable, et dans lequel le montant existant est inconnu en raison de l'estompement de la distinction entre les dépôts à vue et les dépôts à terme. Pour des raisons similaires, le montant de l'investissement réel nécessaire, en tant que construction préliminaire du système à une production plus élevée, est totalement incalculable. Il dépend entièrement d'innombrables facteurs moyens, dont aucun n'est connu avec certitude, relatifs à la nature de la production accrue demandée par le public, elle aussi inconnue à l'avance.

L'indice des prix détermine la quantité de monnaie

Heureusement, il est tout à fait inutile d'approfondir ces facteurs inconnus, car l'indice des prix lui-même, dans le système décrit, régule le taux d'émission de la nouvelle monnaie. Si l'on suppose que l'argent n'est créé, ou si nécessaire détruit, que sur l'ordre des statisticiens qui surveillent l'évolution des prix, et qu'il est ensuite émis aux consommateurs pour les soulager de l'impôt, l'indice des prix serait contrôlé selon les mêmes principes que la vitesse d'un moteur est contrôlée par le conducteur du moteur. Ce dernier ne peut pas savoir à l'avance l'effet combiné des facteurs affectant la vitesse du train, tels que la pente, l'efficacité du moteur, la température et la pression de la vapeur, etc. Il ouvre simplement l'accélérateur s'il veut aller plus vite et le ferme s'il veut aller moins vite, laissant le reste à son pompier. La production de nouvelles richesses selon les processus les plus efficaces et les plus rapides peut être laissée en toute sécurité au technologue.

Il suffit d'avoir un système permettant de créer de la monnaie nouvelle si le niveau des prix tend à baisser et les marchandises invendables à s'accumuler, et de la détruire si elles se raréfient et les prix tendent à monter. C'est tout à fait impossible dans le système bancaire actuel, mais tout à fait possible dans un système rationnel, scientifique et national, conçu en fonction des réalités physiques auxquelles la production et la consommation des richesses doivent se conformer. Imaginer le contraire, c'est tenter de préserver un système dans lequel la monnaie est émise non pas pour distribuer des richesses, mais comme source de revenus. S'il est une leçon que l'histoire de la monnaie nous enseigne, c'est que lorsque son émission est utilisée comme un moyen d'enrichir l'émetteur, qu'il s'agisse de l'État, de la banque ou du faux-monnayeur, elle est le pouvoir le plus désintégrant et le plus dangereux que l'homme ait jamais inventé. S'il existe une volonté ou un sens du danger au sein d'une communauté, il est impératif que cette leçon soit apprise avant qu'il ne soit trop tard.

Les coûts inutiles de la distribution

Mais avant de quitter ce sujet, il convient de souligner à nouveau combien une grande partie de l'effort actuel de l'humanité est consacrée à l'accumulation de toutes sortes de coûts de distribution inutiles pour distribuer le produit et permettre à chacun de partager la production limitée, ce qui est impliqué par notre système monétaire fondamentalement faux. Si ces coûts étaient éliminés, comme ils le seraient naturellement progressivement, en ayant toujours suffisamment d'argent pour distribuer tout ce qui peut être produit, nous pourrions espérer une augmentation de la prospérité non pas de vingt-cinq pour cent, mais de quatre ou cinq fois. Comme le souligne Sydney Reeve dans ses écrits, plus de quatre-vingts pour cent des coûts sont accumulés sous le "commercialisme" par une concurrence entièrement inutile pour la *vente* des marchandises, alors que les coûts de leur fabrication sont réduits à une fraction de un pour cent. C'est sans doute la conséquence la plus grave du fait que les économistes orthodoxes confondent l'échange des marchandises avec leur création et ne se préoccupent guère de cette dernière.

Le rôle de l'argent résumé

En résumant ce compte comme le mécanisme comptable, nous trouvons, en prenant la définition large des coûts expliquée (p. 149), que tout ce qui existe de richesse utile aux consommateurs est comptabilisé ou payé par la véritable circulation de l'argent, à travers les systèmes de production et de consommation, l'argent étant payé à partir du premier pour des services dans la production de la richesse et de nouveau dans le second pour prendre la richesse produite en dehors. La richesse existante est la différence entre ce qui a été produit et ce qui a été consommé, et elle change continuellement de propriétaire par le biais des mouvements d'argent entre les consommateurs individuels, en dehors et sans effet sur la véritable circulation. En ce qui concerne les richesses utiles aux producteurs, qui font l'objet du même échange perpétuel de propriétaires par des mouvements similaires d'argent entre les producteurs sans effet sur la véritable circulation, et qui naissent également de la même manière que les richesses des consommateurs par cette circulation, elles ne sont pas, à proprement parler, comptabilisées ou payées, mais les coûts de production s'accumulent comme une charge de dette permanente sur le système de production. Il en va exactement de même pour toutes les richesses des consommateurs en cours ou en cours de production, et le fait qu'elles seront finalement distribuées aux consommateurs ne change rien à la comptabilité, puisque les systèmes économiques doivent fonctionner continuellement et pour toujours sans être liquidés. D'autre part, l'argent lui-même est un actif dans l'établissement de la balance des coûts, du fait que ses détenteurs l'acceptent et le considèrent comme un paiement intégral, bien qu'il s'agisse en fait d'une promesse de paiement dans le futur. Dans cette mesure, ce qui est cédé sous forme de biens et de services - la richesse virtuelle - est disponible pour payer une partie des coûts encourus dans le système de production, mais il ne peut s'agir en général que d'une petite partie, même des coûts particuliers considérés en dernier lieu, à savoir ceux qui sont engloutis dans la richesse au cours de la production. Aucun projet de réforme monétaire ne peut être correct, ni aucun système monétaire sain, si toute la richesse existante ne peut être comptabilisée d'une manière telle que celle décrite ci-dessus.

CHAPITRE VII

LES DETTES ET LE RACHAT DE DETTES

L'ère du pouvoir plutôt que celle des machines

Les idées conventionnelles les plus anciennes sur le progrès humain, selon lesquelles il résulte des avantages de l'association humaine et de la division du travail, permettant à chaque membre de la communauté de contribuer, lorsqu'il est engagé dans une forme spécialisée d'occupation, beaucoup plus au fonds commun de richesse qu'il ne serait possible si chacun devait subvenir indépendamment à ses propres besoins, bien qu'elles soient assez vraies dans la mesure où elles vont dans ce sens, touchent à peine les origines du progrès fondamental atteint dans ce qu'il convient d'appeler l'ère scientifique. Les outils, au sens le plus large, ont toujours été considérés comme de véritables civilisateurs, augmentant l'efficacité de leurs utilisateurs humains dans les différentes tâches de la vie. Mais nous avons dépassé ce stade. Ceux qui parlent de l'ère de la machine mettent la charrue avant les bœufs. Les machines modernes sont généralement des imitations plus fortes, plus infatigables et plus précises des fonctions productives spécialisées des hommes ; elles doivent être nourries tout comme les hommes. Si elles ne sont pas alimentées en énergie, elles sont aussi mortes qu'un cadavre. Bien que les hommes n'aient pas encore appris à se nourrir directement de carburant, on dit que, pendant la guerre, certains bateaux à vapeur tropicaux ont été alimentés par des noix de singe et que, après la guerre, on a conseillé aux fermiers américains du Middle West d'utiliser leur blé comme carburant pour maintenir le prix à un niveau élevé. D'un point de vue scientifique, la distinction entre la fabrication et la machinerie est moins importante qu'on ne le pense généralement. Dans les deux cas, c'est l'énergie qui prime. Qu'elle provienne d'un homme ou d'une bête nourris d'aliments, ou d'une machine alimentée par du carburant, n'a qu'une importance mineure en ce qui concerne l'objectif, qui est la production de richesses.

Les hommes, au sens économique du terme, n'existent que parce qu'ils peuvent puiser dans l'énergie de la nature. Les civilisations primitives dépendaient presque entièrement de cette énergie. Elles utilisaient le soleil pour produire de la nourriture et élever du bétail de trait, elles tiraient parti des vents pour propulser leurs navires et, dans une moindre mesure, des rivières pour actionner leurs roues hydrauliques. Mais ces ressources sont aujourd'hui complétées par une réserve d'énergie accumulée sous forme de combustibles avant même que l'homme n'ait posé son empreinte sur le monde. La thermodynamique nous a appris à convertir la chaleur qu'il fournit lors de la combustion en puissance mécanique. Le travailleur primitif était le transformateur intelligent du flux d'énergie du soleil. L'ingénieur moderne a élargi cette fonction, évinçant dans une large mesure l'ouvrier de la production. Mais aucun homme ne crée l'énergie, même s'il semble créer la richesse. La richesse, au sens économique du terme, c'est-à-dire les conditions matérielles qui permettent la vie et la rendent possible , est toujours, autant qu'autrefois, le produit de la dépense d'énergie ou du travail. Mais aujourd'hui, elle est en grande partie produite par des machines alimentées par des combustibles, qui incarnent les mouvements essentiels requis pour chaque étape de la production dans un cycle qui se répète automatiquement, plutôt que par des individus qui travaillent avec leur propre volonté et leur propre pouvoir. La nature a été asservie et les hommes peuvent, voire doivent, être libres.

Argent non remboursable et Dette nationale

Dans ce livre nous nous intéressons principalement au mécanisme de comptabilité et de distribution qui permet à la production généralisée et sociale de se dérouler sans heurts, en combinant les avantages de l'association humaine et de la division du travail avec la distribution du produit pour l'usage et la consommation individuels et personnels. Il ne fait aucun doute que l'invention de l'argent, qui a remplacé les premières formes patriarcales et féodales de communisme, a, à l'origine, énormément accru la liberté de l'individu. La tendance moderne au communisme est entièrement due au fait que la fonction première de l'argent, la distribution de la richesse produite socialement, a été remplacée par une fonction entièrement subordonnée et étrangère - comment émettre de l'argent de manière à en faire une source de revenus pour l'émetteur et à porter un intérêt perpétuel. Cela pourrait être plus facilement compréhensible si ceux qui ont abandonné leur richesse pour de l'argent recevaient l'intérêt payé sur l'émission, mais au lieu de cela, ils le paient ! Il naît de l'apparition simultanée, sur le site , de deux postes égaux sur les deux faces d'un grand livre de banque, l'emprunteur étant crédité de la somme empruntée d'un côté et débité de l'autre. Jusqu'à présent, les contribuables n'ont pas remarqué une particularité similaire, mais opposée, de la comptabilité nationale. Ils reçoivent chaque année des notes de demande censées indiquer les montants dépensés pour les services, dont les postes les plus importants sont l'administration locale et l'éducation, chacun coûtant£ 48 millions. Mais le poste le plus important, Bank Services£ 100 millions, est omis. De même, dans les comptes des recettes, le poste correspondant "Intérêts sur les biens et services prélevés à titre de crédit bancaire" n'apparaît pas !

Dettes en capital irrécupérables.
"Épargne" conventionnelle

Outre cette irrégularité, nous avons vu que si la circulation de la monnaie à travers les moitiés production et consommation du cycle rend correctement compte de la production et de la distribution des biens consommables, en utilisant ce terme pour connoter la richesse d'usage des consommateurs, elle comptabilise la production de capital dans le système de production lui-même comme une dette envers les investisseurs individuels, et ces dettes s'accumulent continuellement et ne peuvent jamais être remboursées par la suite, parce qu'elles représentent des dépenses pour des choses qui ne sont jamais distribuées et qui, si elles l'étaient, seraient tout à fait inutiles pour l'investisseur.

Il est intéressant de noter que c'est précisément la même erreur, qui consiste à faire de l'argent une dette envers des entreprises privées alors qu'il est irrécupérable de par sa nature même, qui est, en ce qui concerne le capital, à l'origine de toutes les controverses politiques et sociologiques périmées entre le capitalisme et le socialisme. Héritage de l'économie non scientifique et confuse de l'ère victorienne, la confusion la plus extraordinaire persiste dans les cercles politiques sur cette question en relation avec la nationalisation et les plans similaires, et nous devrons y revenir. Mais, à moins que les individus ne préfèrent s'en remettre à un État bienveillant pour les soutenir dans leur vieillesse, ils doivent "épargner" et toute cette affaire d'épargne est conventionnelle - prêter un excédent de revenus sur les dépenses afin de le récupérer plus tard et, dans l'intervalle, d'en tirer un revenu sous forme d'intérêts. Mais il n'y a pas de richesse disponible, en dehors du flux ou du revenu de la richesse provenant du système de production. C'est cela la réalité. Tout le reste n'est que comptabilité entre débiteurs et créanciers. Des créances sont accumulées sur les revenus de la richesse, tant en ce qui concerne l'utilisation du capital productif, dérivé de la location de celui-ci par les propriétaires aux utilisateurs, que sur les revenus de l'État, levés par l'impôt, pour faire face au service des emprunts qu'il a contractés. Ces emprunts sont presque entièrement destinés à des dépenses non productives de revenus, à savoir des guerres destructrices pour la plus grande partie et des améliorations et développements nationaux nécessaires pour la plus petite partie.

Nécessité d'un indice des prix constants

Ceci, sans aucun autre argument, est suffisant pour affirmer qu'aucun système monétaire ne peut être honnête ou digne de la confiance, soit de la communauté, soit des autres nations ayant des relations économiques avec elle, qui ne maintient pas un indice des prix invariable. L'expérience amère de la guerre et de l'après-guerre rend ce fait de plus en plus évident. Avant que l'on ne comprenne les méthodes insidieuses d'escroquerie qui consistent à maintenir le niveau des prix toujours en mouvement, nombreux étaient ceux qui étaient prêts à soutenir que, si les coûts de production diminuaient grâce aux améliorations scientifiques apportées à la fabrication, le prix des marchandises devait baisser dans la même mesure. C'est ainsi que chaque dette est subtilement alourdie et que le créancier est mis en possession d'un avantage non garanti, tout à fait en dehors et en plus de ce qui est prévu dans l'obligation en ce qui concerne le paiement des intérêts et le remboursement du capital. Dès lors que l'on admet cela, le système économique devient simplement le théâtre d'une lutte des esprits, dans laquelle les agents et les représentants de la classe des créanciers cherchent, à l'instar des banques, à obtenir quelque chose en échange de rien. Cela ne peut se faire que si ceux qui produisent la richesse mettent de côté plus qu'avant pour servir le même montant nominal de dette, et ne peut donc être obtenu que par une réduction correspondante de la part de ceux qui la produisent.

On tiendra donc pour acquis que l'argent de l'avenir devra avoir un pouvoir d'achat constant par rapport à la moyenne , suffisamment proche, des choses qu'il sert à acheter, d'un siècle à l'autre, avant qu'un progrès réel ne soit possible par rapport à l'actuel jardin d'ours honteux de conflits perpétuels nominalement entre le "capital" et le "travail", mais en réalité entre les créanciers et les débiteurs, que l'organisation créative nationale a été autorisée à devenir dans le cadre du système économique et monétaire malhonnête en vigueur.

Avantages pour les travailleurs

Bien entendu, on demandera immédiatement, du moins à ceux qui veulent le changement, comment, dans un tel système, le travailleur bénéficiera de l'abaissement du coût de production dû à l'amélioration future. Il est facile de voir que, dans cette mesure, il perd le bénéfice s'il doit partager avec la masse des créanciers préexistants le bénéfice qui résulterait de la baisse des prix.

D'autre part, si l'on empêche les coûts de baisser à mesure que les conditions de l'industrie s'améliorent, les producteurs sont assurés d'avoir un marché pour leur production maximale, pour autant qu'elle corresponde à la demande réelle du public. Il n'y a pas de limite à l'émission d'argent frais, si elle est correctement effectuée, tant que la main-d'œuvre et le capital sans emploi sont disponibles. Cette demande illimitée de travail et de capital redonnerait au travail son pouvoir de négociation sans qu'il soit nécessaire de recourir à l'action collective, et bien plus efficacement que celle-ci, dont la seule arme efficace, la grève, porte en fait le plus directement atteinte au niveau de vie des travailleurs, en sabotant la production qui leur permet, ainsi qu'aux créanciers, d'être payés. En général, ce sont les travailleurs , qui ont moins de réserves que ceux qui ont accumulé de l'épargne, qui souffrent le plus de ce type de guerre. Etant donné que la baisse des coûts de production entraîne une augmentation considérable du taux de rotation et que la concurrence entre les employeurs pour l'ensemble des travailleurs disponibles s'accroît (comme pendant la guerre), les salaires doivent augmenter jusqu'à ce que ces derniers obtiennent une part équitable des économies réalisées grâce à l'augmentation de la production. En même temps, le principe qui sous-tend le nouveau système monétaire devrait être appliqué en ce qui concerne les nouvelles dettes en capital. Il ne devrait pas être possible, par un trait de plume, à une société d'augmenter sa dette nominale envers ses actionnaires et d'émettre de nouvelles actions sans qu'ils en apportent la pleine valeur en capital frais. Mais il est juste que ceux qui prennent le risque d'une perte en fournissant des capitaux à l'industrie participent avec les travailleurs à l'accroissement de la prospérité. Ces points sont toutefois couverts par la possibilité de mettre fin à toutes les dettes après une période déterminée, ce qui n'entre pas dans le cadre de la monnaie proprement dite, mais nous y reviendrons à la fin de ce chapitre en tant qu'élément essentiel de la nouvelle perspective que la compréhension physique de ces questions permet d'avoir sur elles.

Réglementation de la monnaie par l'indice des prix

Nous en sommes donc arrivés au point où la première considération du bien-être national ou général est une monnaie qui achète toujours la même quantité moyenne des choses qu'elle est employée à acheter. Les gens honnêtes ont tout à gagner et rien à perdre par l'honnêteté. Bien qu'il soit faux de prétendre que la méthode idéale de fixation du niveau des prix a été élaborée, c'est un problème qui pourrait être laissé en toute sécurité à un bureau désintéressé de statisticiens, analogue dans sa fonction aux bureaux de normalisation ou, dans notre pays, au Laboratoire national de physique, qui entreprennent la détermination absolue des normes de poids, de longueur et de volume, et vérifient les poids et les mesures réels par lesquels les transactions économiques sont effectuées. En fait, la détermination des niveaux de prix et des indices par le Board of Trade et diverses autres institutions a déjà fait l'objet d'une expérience suffisante pour que l'on puisse être certain qu'aucune difficulté sérieuse ne se présenterait dans la pratique.

Il faut se rappeler qu'en interdisant absolument la variation arbitraire continuelle de la quantité d'argent à chaque instant de l'existence, dont dépend aujourd'hui la "banque", et en rendant sa quantité connue et définie, on supprimerait d'emblée la véritable cause de la fluctuation désastreuse du niveau des prix, et il est tout à fait absurde de tirer de ce qui s'est passé dans le passé des conclusions sur ce qui se passera dans l'avenir. Il est évidemment impossible de maintenir un niveau constant des prix dans un système bancaire, où l'argent est arbitrairement créé et détruit en l'étendant et en le retirant sous forme de prêts ou de crédits à l'industrie, prêts qui ne peuvent être consacrés qu'à la préparation de la production future et qui doivent donner lieu à des intérêts et à des profits. Mais si la nation n'émettait de l'argent à l'intention des consommateurs, sous forme de remise d'impôts, qu'à partir du moment où des richesses finies attendent d'être vendues en plus de celles qui peuvent être vendues par l'argent existant sans baisse du niveau des prix, alors des changements appréciables dans ce dernier ne pourraient pas se produire et ne se produiraient pas.

Un indice des prix simple

Il reste, il est vrai, la question technique de savoir quel niveau de prix fixer et comment le calculer, mais dans le monde économique stabilisé qui en résulterait, la question semble d'une importance secondaire par rapport à l'avantage de fixer le prix de toute moyenne raisonnable représentative des choses que l'argent est utilisé pour acheter. Si l'on supprime la création de monnaie comme moyen de gagner des intérêts et qu'on la crée pour les consommateurs, le système économique entrera dans des relations d'équilibre définitif entre tous les divers facteurs qui déterminent les prix relatifs des différentes catégories de l'immense variété de choses achetées et vendues. Il deviendrait un système extrêmement conservateur et stable, complètement méconnaissable par rapport à ce qu'il est aujourd'hui, l'argent étant continuellement drainé d'une partie pour être injecté dans une autre, et, en permanence, la quantité existante étant gonflée et dégonflée comme un accordéon.

Il semblerait que, pour commencer, un simple indice basé, par exemple, en premier lieu sur le coût de la vie moyen d'un ménage d'artisan qualifié serait utile. Il incomberait aux statisticiens impartiaux qui étudient les tendances d'indiquer de temps à autre si l'indice peut être amélioré de manière générale et rendu plus représentatif. Il semble en tout cas souhaitable, afin d'éviter toute orgie initiale de jeu, de stabiliser l'indice des prix au niveau actuel. Quoi qu'il en soit, on établirait un budget hebdomadaire ou annuel moyen représentant, à ce moment-là, les principaux postes, pris séparément, du coût de la vie du type de famille choisi comme typique. A l'avenir, les mêmes éléments, dans les mêmes quantités que celles calculées à l'époque, s'ils sont à nouveau calculés aux nouveaux prix en vigueur, devraient donner le même total, quelles que soient les différences individuelles entre eux, si le niveau des prix ne change pas.

Le Bureau des statistiques

Ceci illustre le principe, bien que dans la pratique le travail effectif du bureau statistique envisagé devrait couvrir toute la gamme des activités économiques de la nation. L'une de ses fonctions devrait être non seulement de collecter mais aussi d'interpréter les données et de répondre à des demandes spécifiques, non seulement pour le gouvernement mais aussi pour tous les organismes représentatifs qui s'occupent de l'activité économique de la communauté. Il ne doit certainement pas être un département gouvernemental, pas plus que ne le sont le Droit ou les Universités, ou que ne l'est l'un d'entre eux, et surtout pas le Trésor. Ce serait une erreur fatale , car le Trésor serait le seul département directement intéressé par les bénéfices de l'émission d'argent frais. La tentation d'émettre trop et d'escroquer les créanciers serait alors toujours présente. La nouvelle monnaie ne doit pas être émise dans le but de fournir une source de revenus pour soulager le contribuable, bien que ce soit la conséquence nécessaire.

Le bureau de statistique devrait relever directement de la Couronne ou du chef suprême de l'État, quel qu'il soit, et occuper, en tant qu'organisme consultatif désintéressé chargé de fonctions métrologiques précises, une position similaire à celle du Laboratoire national de physique. Ses recommandations devraient être officiellement soumises au Parlement et faire normalement l'objet d'une action automatique.

Une Monnaie reconstituée

Pour l'émission proprement dite de la monnaie nationale, l'Hôtel des Monnaies devrait être reconstitué pour couvrir non seulement la frappe de la monnaie, mais aussi le papier-monnaie. Les émissions seraient remises au Trésor et s'ajouteraient aux sommes prélevées par l'impôt. Comme nous l'avons vu, l'émission de monnaie de crédit est en réalité un prélèvement forcé ou un impôt sur la communauté, et la monnaie elle-même est le reçu que le propriétaire a donné en échange d'une valeur équivalente, et qu'il a le droit de récupérer cette même valeur sur demande. La monnaie devrait porter la légende "Valeur reçue" au lieu de "Promesse de paiement", ainsi que la mention qu'elle a cours légal dans le pays d'émission. Le public devrait considérer qu'il est émis pour reporter les paiements qu'il serait autrement appelé à effectuer par le biais de taxes, et il devrait comprendre que, si à un moment donné il y a trop d'argent émis, il sera retiré en partie en imposant la taxe reportée et en détruisant la quantité de monnaie nécessaire pour éviter que la valeur du reste ne tombe en dessous de la valeur nominale. La monnaie apparaîtrait alors publiquement pour la première fois sous son vrai jour, comme une dette ou un engagement permanent, flottant et ne portant pas intérêt, de l'ensemble de la communauté envers ses propriétaires, remboursable en biens et services sur demande par échange mutuel au sein de la communauté.

Critique des propositions visant à nationaliser les "banques"

En dehors des phases initiales et de transition au cours desquelles il peut être et sera probablement nécessaire de maintenir les crédits existants aux producteurs jusqu'à ce qu'ils puissent se libérer de leurs dettes - comme ils le feraient rapidement dans le cadre d'un système monétaire honnête - ce dont la nation a besoin, ce n'est pas de plus de crédits aux producteurs, mais de plus d'argent pour les consommateurs, et la manière correcte d'émettre cet argent est de soulager l'ensemble des contribuables. Les propositions des socialistes visant à nationaliser les banques ne montrent aucune compréhension de la manière de faire fonctionner le système de manière à assurer un niveau de prix interne stable, qui est la *condition sine qua non* de tout progrès réel vers une prospérité économique juste. Ils semblent envisager de faire exactement ce que les banques font actuellement, à un coût final ruineux pour les industries de la nation, à la seule différence que les bénéfices seraient consacrés à leurs efforts d'amélioration et de charité. On dira, bien sûr, que les bénéfices de l'émission d'argent frais seraient consacrés à l'aide aux entreprises *réellement* bénéfiques pour le public. Mais cela, avec la nécessité qu'elles soient compétitives ou qu'elles bénéficient du patronage du gouvernement, est une contradiction dans les termes. Ils seront accordés à ceux que le gouvernement jugera les plus appropriés, ce qui, à n'en pas douter, les aidera d'abord et tout le temps, tout comme ils sont actuellement accordés à la Banque d'Angleterre et par son intermédiaire !

Les socialistes ne semblent jamais conscients du fait que le peuple lui-même est un meilleur juge de ce dont il a besoin que n'importe quel gouvernement qu'il ait jamais eu dans l'histoire passée, ou qu'il soit susceptible d'avoir dans l'avenir. Toute la structure des améliorations et des œuvres de bienfaisance, dans laquelle les nécessiteux sont pourvus à partir de ce que le contribuable général peut être contraint de fournir, tomberait par terre, comme un jeu de cartes, si chacun avait la possibilité de fournir, à partir de ses propres revenus, de quoi satisfaire ses besoins.

Mieux vaut prévenir que guérir

Mieux vaut prévenir que guérir et le monde est maintenu malade par ceux qui souhaitent qu'il le soit davantage, afin d'avoir la possibilité de le guérir. C'est la caractéristique la plus étonnante du monde d'aujourd'hui. Les choses vont mal et, par la suite, des intérêts particuliers s'intéressent au remède. Toute la bureaucratie moderne est engagée dans les conséquences d'erreurs tout à fait élémentaires et facilement compréhensibles et c'est la chose la plus impopulaire au monde que d'insinuer que les êtres humains sont vraiment bien plus capables de se prendre en charge que de se laisser soigner par ceux qui s'occupent de leurs maux. Le nombre de chômeurs qui résulterait de la prévention des erreurs connues qui ont fait dérailler la civilisation scientifique est effroyable à envisager. Il impliquerait que la plupart des gens qui essaient actuellement de nous vendre des choses devraient donner leurs services pour les produire, et que la plupart de ceux qui gagnent leur vie en s'occupant des affaires de l'État devraient s'intéresser tranquillement aux leurs. Il est vieux comme le monde, la sagesse hippocratique de la guérison opposée à la culture esculapienne de la santé, aujourd'hui devenue universelle ; en bref, le charlatanisme *contre le* savoir. Libérez dans les fontaines de vie et de loisir le flot d'énergie que le technologue maîtrise aujourd'hui, et le monde se guérirait rapidement des mauvaises herbes qui prospèrent dans son sol affamé.

Intérêts sur les dettes

Bien que le fardeau de la dette qui s'accumule dans les sociétés individualistes se situe à l'extérieur au sens étroit du terme, le sujet est tellement lié à celui-ci et est tellement vital pour l'avenir de ces sociétés qu'il ne peut être ignoré. L'explication physique est la quantité de travail qui doit être dépensée pour les outils ou les installations nécessaires à la production d'énergie, beaucoup plus importante que dans les méthodes primitives. L'énorme capacité des machines motrices modernes permet de produire à une échelle correspondante, mais en même temps rend la fourniture des installations nécessaires tout à fait hors de portée des individus. C'est ainsi qu'est née la société anonyme, qui permet d'utiliser l'épargne d'un grand nombre de personnes dans une seule entreprise.

Dans aucun domaine, il n'y a une inversion aussi totale des idées, en passant d'une économie du besoin à une économie de l'abondance, que dans celui de l'intérêt sur les dettes.

En premier lieu, il serait tout à fait erroné de supposer qu'il existe une base physique pour les lois dites de l'intérêt, simple et composé. La première loi s'applique lorsque les intérêts sont payés périodiquement, et la seconde lorsqu'ils ne sont pas payés mais s'accumulent, produisant eux-mêmes des intérêts. Ces lois sont à l'origine purement mathématiques. Certaines hypothèses sont posées et les conséquences sont calculées quantitativement. C'est tout. Il serait difficile de dire à quoi correspondent exactement ces hypothèses, au-delà de l'accord d'un individu de payer à un autre tant d'intérêts par an pour l'utilisation de tant de capital. Il s'agit d'accords purement arbitraires et conventionnels sans aucune justification physique nécessaire. La justification proposée pour les intérêts est généralement une vague justification biologique plutôt que physique, à l'instar de l'accroissement qui s'opère dans l'agriculture, chaque graine produisant trente, soixante ou même cent fois plus. Mais il est parfaitement possible à quiconque de contester la base théorique de l'intérêt. En pratique, cependant, il n'y a aucune raison pour que quelqu'un s'abstienne lui-même de consommer pour prêter à un autre, à moins qu'il n'en tire un certain avantage. Cependant, comme nous l'avons vu, à moins que les individus ne souhaitent confier leurs cheveux gris à la bienveillance des gouvernements, ils sont obligés d'essayer d'épargner au plus fort de leur pouvoir. En général, il existe de nombreuses raisons similaires, telles que la nécessité d'assurer une meilleure éducation à leurs enfants lorsqu'ils arrivent à l'âge adulte et de s'assurer contre les accidents, qui sont suffisamment convaincantes, même sans l'incitation de l'augmentation. La prise de conscience de ce fait est à l'origine de nombreuses propositions de réformes.

Si l'incrément regarde vers l'avant alors Décroissance en regardant vers l'arrière

Un correspondant, Basil Paterson d'Édimbourg, a soumis à l'auteur, pendant la rédaction de ce livre, une suggestion intéressante qui indique au moins à quel point le traitement mathématique conventionnel de l'intérêt est purement arbitraire. Son argument repose sur une considération telle que celle-ci. S'il est convenu de payer dans un an, disons,£ 5 pour l'utilisation de 100 £ prêtées maintenant, ce n'est pas la même chose que d'accepter d'en payer une autre à la fin de la deuxième année. Au contraire, la valeur des 100 livres à la fin de la première année doit être actualisée à sa valeur actuelle de 95 livres, de sorte que l'intérêt de la deuxième année doit être de cinq pour cent de 95 livres, et ainsi de suite jusqu'à. Et qui le lui refusera ? Cela semble donner au prêteur un peu de sa propre médecine. Il se rend compte que cela aurait pour conséquence de réduire la loi sur l'intérêt composé à la même chose que la loi actuelle sur l'intérêt simple. Pour cette dernière, en reprenant l'illustration ci-dessus et en exprimant l'intérêt en fraction plutôt qu'en pourcentage, les paiements d'intérêts annuels successifs seraient de un vingtième, un vingt et unième, un vingt-deuxième, un vingt-troisième, un vingt-quatrième, et ainsi de suite, pour devenir un centième ou un pour cent après quatre-vingts ans. L'une des applications revendiquées concerne les prêts sur gages, pour lesquels le taux d'intérêt le plus bas devient usuraire s'il est prolongé, ce que la méthode d'estimation susmentionnée tendrait à corriger.

La loi de Paterson sur les intérêts
Actualisation du capital

Il est intéressant d'appliquer les mathématiques supérieures à l'idée précédente et de considérer, au lieu que l'augmentation s'accumule pas à pas par intervalles annuels, un nombre infini de périodes infinitésimales, de manière à rendre le processus continu au lieu d'être supposé se produire par étapes annuelles. Cela n'affecte pas le résultat selon lequel la loi de l'intérêt composé est ainsi réduite à la loi ordinaire de l'intérêt simple, mais nous arrivons ainsi à un résultat très simple pour la loi de l'intérêt simple elle-même. Dans ces circonstances, comme le temps est indéfiniment augmenté sans limite, le total des intérêts courus se rapproche de plus en plus du montant principal et ne peut jamais le dépasser, quelle que soit la durée du prêt. La formule mathématique applicable à ce cas est la suivante

$$iT = -230\ 26\ [log_{10}(1 - f)]$$

où i est le taux d'intérêt en pour cent par an, T le temps en années, et f la fraction du principal qui s'accumule sous forme d'intérêts. À partir de ces données et de

Tableau des intérêts simples (nouvelle loi) pour un capital de 100 livres

Années multipliées par le taux % p.a.	Total des intérêts (nouvelle loi)			Économie pour le débiteur (par rapport à l'ancienne par rapport à l'ancienne loi)		
	£	s.	d.	£	s.	d.
1		19	11			1
2	1	19	7			5
3	2	19	1			11
4	3	18	5		1	7
5	4	17	6		2	6
6	5	16	6		3	6
8	7	13	9		6	3
10	9	10	4		9	8
15	13	18	7	1	1	5
20	18	2	6	1	17	6
25	22	2	5	2	17	7
50	39	6	11	10	13	1
100	63	4	5	36	15	7
184'14	86	2	10	100	0	0
200	86	9	4	113	10	8
1000	99	19	11	900	0	1

En utilisant une table de logarithmes, on peut facilement construire la nouvelle table d'intérêts. Dans le tableau ci-dessus, les intérêts courus par 100 £ de capital sont indiqués dans la colonne du milieu, le temps en années multiplié par le taux d'intérêt en pour cent par an dans la première colonne, et l'économie réalisée par le débiteur grâce à la nouvelle méthode de calcul dans la dernière colonne.

Il ressort clairement de ce qui précède que si la différence est minime pour les taux d'intérêt faibles et les périodes courtes, elle est énorme pour les taux élevés et les périodes longues. L'initiateur du système a souligné que son objection évidente est qu'il encourage l'investisseur à retirer et à réinvestir son argent chaque année, mais cela est totalement impossible avec des prêts permanents à long terme et non remboursables tels que la dette nationale. S'il était appliqué à ces prêts, il suffirait probablement à remplacer le simple système de remboursement évoqué plus loin. Une autre solution consisterait à poursuivre les paiements d'intérêts au taux ordinaire, en considérant la différence (indiquée ci-dessus dans la dernière colonne) comme un remboursement du fonds d'amortissement. Dans ce mode de calcul, les paiements seraient effectués au taux uniforme pendant une période limitée et s'arrêteraient ensuite. Cette durée est fixée par la loi à cent quatre-vingt-quatre et un septième années divisées par le taux d'intérêt de cent pour cent par an, comme indiqué dans le tableau ci-dessus.

Les idées de Gesell sur la dépréciation de l'argent

Une proposition beaucoup plus radicale est celle du réformateur monétaire Silvio Gesell, qui voudrait que toute monnaie se déprécie avec le temps, par exemple de cinq pour cent par an, ou d'un penny par mois. Le seul moyen de maintenir le cours légal de l'argent est de l'estampiller périodiquement, comme une carte d'assurance. Si le public accepte cela, et il semble qu'il adore ce genre de décret gouvernemental, cela aurait certainement des conséquences remarquables sur le site. On prétend qu'elle ferait, pour ainsi dire, baisser toute l'échelle des intérêts de cinq pour cent, en ce sens que là où nous devrions payer quatre pour cent pour un prêt, nous devrions recevoir un pour cent pour avoir retiré l'argent des mains du propriétaire et lui avoir épargné la détérioration de cinq pour cent. Si tel était le cas, tous les emprunts pour les travaux publics du gouvernement et des municipalités se feraient avec un bénéfice de 1 % plutôt qu'avec un taux d'intérêt de 4 %. Ce système est actuellement préconisé par une chambre de commerce britannique et devrait s'avérer extrêmement populaire dans les cercles municipaux, voire dans les cercles gouvernementaux. L'idée originale de Gesell était d'empêcher quiconque de thésauriser l'argent, d'augmenter sa "vitesse de circulation" et d'obliger les personnes qui le possédaient à le dépenser rapidement. Mais la possibilité au moins de cet effet de changer la base ou la ligne de référence à partir de laquelle l'augmentation est calculée, de zéro à une diminution de cinq pour cent, mérite une considération indépendante, car tous les autres résultats seraient également garantis si l'argent était émis au niveau national comme décrit, sans le faire pourrir ou le déprécier.

Objections

Le point de vue adopté dans ce livre est que l'argent est un contrat contraignant entre le propriétaire qui a cédé pour rien, pas même pour le paiement d'intérêts, l'usage de biens et de services à la communauté et que, selon la justice commune, il devrait recevoir en retour juste autant que ce qu'il a cédé. En frappant l'argent d'une taxe de 5 % par an, la communauté obtiendrait un revenu similaire à celui qu'elle obtiendrait si, au lieu d'un taux bancaire de, disons, 5 % sur l'émission, la nation émettait l'argent en échange de titres de la dette nationale détruits, ou si, au lieu de cela, elle facturait 5 % aux emprunteurs existants au lieu de les faire payer par les banques. Il ne s'agit pas de nier que la nation pourrait faire les deux, c'est-à-dire prendre elle-même les bénéfices de l'émission maintenant appropriés par les banques et ensuite prélever une taxe d'entretien ou un droit de timbre de 5 % par an pour maintenir l'argent à jour. Mais il ne semble vraiment pas justifié de taxer le moyen d'échange, et bien qu'il puisse être difficile à première vue de concevoir des moyens d'échapper au paiement, il est certain que cela stimulerait fortement l'esprit inventif d'essayer de le faire. A cet égard, il semble calculé pour produire exactement l'effet inverse de celui recherché. Les gens essaieraient de refuser de l'accepter avec autant de force qu'ils seraient contraints de le dépenser, et même si, il est vrai, cela pourrait leur causer quelques ennuis, l'incitation à utiliser l'argent le moins possible, et à conclure des accords mutuels à cette fin, serait aussi grande que l'incitation à le dépenser dès qu'ils l'auraient reçu. Alors que, selon le plan préconisé ici, la thésaurisation n'aurait tout simplement pas d'importance, car elle a pour effet, comme on l'a montré, de retarder indéfiniment le paiement de l'impôt, puisque plus d'argent serait émis pour compenser l'augmentation de la thésaurisation si elle se produisait. En outre, au lieu de faire de l'argent une source d'anxiété et de hâte, le plan préconisé ici ferait de la monnaie de crédit un instrument social inestimable pour libérer les hommes des soucis financiers artificiels et des illusions inversées sur l'argent qu'entretient le système actuel.

La possibilité d'abaisser arbitrairement arbitrairement les taux d'intérêt

La possibilité, pour ne pas dire l'opportunité, de déplacer la ligne de référence à partir de laquelle l'augmentation est calculée à un niveau inférieur à zéro, de manière à commencer par une diminution initiale, ne semble pas aller à l'encontre du caractère, au fond, purement arbitraire de l'intérêt à une époque d'abondance potentielle, mais plutôt s'inscrire dans cette logique. En gros, comme a l'époque de la pénurie, lorsque l'importance de l'augmentation de la production était primordiale, le système bancaire a en fait déplacé la ligne de référence de zéro à environ 5 % au-dessus de zéro en émettant de l'argent comme une dette envers lui-même, maintenant que l'accent est mis sur l'augmentation de la consommation, il ne semble pas impossible de concevoir des moyens de l'abaisser en dessous de zéro, en imposant une taxe ou un impôt sur la possession de l'argent. Dans le premier cas, les personnes qui doivent de l'argent ont dû payer 5 % par an pour le faire naître et, dans l'autre, les personnes qui le possèdent doivent payer 5 % par an pour éviter qu'il ne disparaisse !

L'effet probable de l'augmentation de l'endettement en capital

Il convient toutefois de faire une autre remarque sur cet aspect du système Gesell.

Bien qu'il ne semble pas y avoir de raison de douter qu'elle aurait maintenant un certain effet au moins sur la baisse du taux d'intérêt général, il n'est pas très clair quel serait l'effet relatif en ce qui concerne l'endettement non productif (soit les anciennes dettes, soit les nouvelles) et le capital productif. A première vue, il semblerait que cela devrait conduire à un remboursement rapide des dettes existantes, dans la mesure où les conditions de l'obligation le permettent, par achat avec de l'argent existant pour échapper à l'impôt, et à leur remplacement par des dettes ne portant pas d'intérêt ou même faiblement imposées. Mais, dans le cas du capital productif, l'argent n'est qu'un intermédiaire, et le capital productif produit un revenu de richesse réelle qui ne peut pas être aussi facilement redistribué par l'impôt, comme l'effet de la législation dite socialiste du dernier demi-siècle le montre très clairement. Il semblerait donc que, les fonds disponibles pour l'investissement étant limités, les personnes avisées souscrivent à des entreprises productives plutôt qu'à des dépenses non productives, c'est-à-dire à des "produits industriels" plutôt qu'à des obligations d'État et municipales. Bien que cela doive conduire à une baisse du taux d'intérêt sur l'argent frais investi dans l'industrie, ce serait au détriment d'une appréciation correspondante des valeurs en capital en ce qui concerne l'endettement existant. En ce qui concerne la classe des prêts non productifs, s'ils ne sont pas remboursables, ils devraient probablement aussi s'apprécier en valeur d'échange, et, dans une moindre mesure, s'ils sont remboursables. "O ! quelle toile enchevêtrée nous tissons quand d'abord nous nous exerçons à tromper". Est-ce vraiment le type de politique monétaire nécessaire ou digne d'une grande ère scientifique ?

Remboursement direct de la dette par l'impôt

Le plan de l'auteur pour réduire le poids de la dette est assez simple. Il s'agit d'affecter à l'achat de l'investissement l'impôt prélevé sur ce que l'on appelait autrefois les "revenus non gagnés", c'est-à-dire la partie provenant de l'épargne, et d'affecter au même but les revenus de la partie ainsi acquise. Cela a pour effet de rendre toutes les dettes résiliables par amortissement. Il est commode d'exprimer le temps nécessaire à l'amortissement complet en unités de temps dans lesquelles le principal rapporte l'intérêt. Autrement dit, l'unité de temps est 100 divisé par i, où i est le taux d'intérêt en pourcentage par an - vingt ans pour un investissement à cinq pour cent, vingt-cinq ans pour un investissement à quatre pour cent, et ainsi de suite. Dans ces unités, les durées pour les différents taux de l'impôt sur le revenu sont les suivantes:-

Taux d'imposition : 6/   5/   4/   3/   2/
    1/ - dans la livre.

Unités de temps :   1'73   1'84   2'01   2'23   2'56
          3'29

A titre d'exemple, si l'on prend le taux d'imposition de 4s. in the pound, le délai serait de 40'2 ans pour un investissement rapportant 5 % et de 50'25 ans pour un investissement rapportant 4 % par an. A ce taux d'imposition, environ trois quarts du remboursement sont effectués par des paiements d'intérêts sur la partie déjà remboursée et seulement un quart par l'imposition.

Ainsi, le capital productif de la nation au sens défini deviendrait automatiquement la propriété de la nation après avoir rapporté au propriétaire un intérêt variant de 1'73 fois le capital pour un taux d'imposition de 6s. à 3'29 fois pour un taux de IS. On peut parler de rachat composé, dans la mesure où l'intérêt de la partie déjà acquise n'est pas utilisé pour les dépenses nationales, mais "épargné" pour racheter le principal. Pour les dettes en capital non productives de la nature de la dette nationale, pour lesquelles un remboursement simple plutôt que composé serait plus naturel, le temps nécessaire est naturellement beaucoup plus long, étant, pour un demi-remboursement, d'environ soixante-dix ans pour un taux d'imposition de 4s. et un investissement de 5 pour cent. A mesure que la quantité de dette non remboursée diminue, le taux de remboursement est proportionnellement plus lent, de sorte que, théoriquement, il se rapproche toujours de zéro, mais ne l'atteint jamais. Dans l'illustration ci-dessus, 1 % de la dette ne serait pas remboursée après quatre cent soixante ans. A bien des égards, la suggestion de Paterson déjà discutée est supérieure pour l'amortissement de cette catégorie de dette permanente non productive.

La nationalisation du capital est une "épargne" nationale

Les principaux avantages de ce système sont qu'il serait en accord avec la diminution physique de la richesse en capital accumulée et qu'il permettrait aux entreprises privées de maintenir à niveau les installations obsolètes et désuètes. Mais à l'avenir, lorsque la dette existante aura été effacée, la nation bénéficiera d'un revenu provenant de la propriété du capital qui pourra alors être utilisé pour fournir des dividendes nationaux à la nation. Il n'est pas nécessaire d'en parler davantage ici, si ce n'est pour attirer l'attention sur sa caractéristique nouvelle par rapport à d'autres plans de nationalisation dits politiques, qui en fait ne confèrent pas la propriété du capital à la nation, mais la redistribuent simplement entre les propriétaires individuels, qui ne sont que des maîtres d'œuvre multiplicateurs. En effet, la nation "épargne" au lieu de dépenser ses recettes fiscales.

On se demandera comment le chancelier de l'Échiquier doit pourvoir aux dépenses nationales si une si grande partie des impôts est prélevée pour l'amortissement du capital, et la réponse provient des sources actuellement utilisées pour démoraliser la communauté par des lois d'amélioration. Presque dès l'instant où le nouveau système monétaire serait mis en place, le chômage cesserait, sauf en ce qui concerne les personnes réellement inemployables, et il y aurait une grande expansion progressive du revenu de la richesse réelle produite, avec une augmentation correspondante du produit total de l'impôt si le taux restait inchangé. En outre, au lieu que tout le capital se déprécie avec l'âge et que les nouvelles inventions et améliorations soient bloquées par l'accumulation de ces colossales dettes irrécupérables, le produit du remboursement serait réintégré dans le système de production et disponible pour maintenir l'ensemble de l'organisation économique à jour, en remplaçant les bâtiments et les installations obsolètes et vétustes et en employant les méthodes de production les plus récentes et les plus économiques en termes de temps. En cela, la nation, en tant que propriétaire d'une partie toujours croissante du capital par le biais du système de rachat, ne bénéficierait pas moins que les individus qui l'ont fourni en s'abstenant de consommer eux-mêmes dans un premier temps.

CHAPITRE VIII

LA SITUATION PRATIQUE

La nouvelle ou l'ancienne économie est-elle à l'envers ?

Dans ce livre, nous avons tenté d'exposer de façon critique les principales erreurs du passé. Une civilisation aux promesses vraiment illimitées a été détournée de la grande route du progrès et plongée dans un marécage de tromperies et d'évasions sans fond, dans lequel elle patauge et se débat sans but, et dont il est douteux qu'elle puisse jamais émerger à nouveau. S'il a été si nécessaire de renforcer le langage froid et impersonnel de la science par la dénonciation de pratiques frauduleuses, c'est parce que les retards sont dangereux et que ces pratiques devraient maintenant être connues de tous les hommes de bonne volonté soucieux d'éviter un nouvel holocauste.

Nous avons commencé nos recherches en demandant à l'homme ordinaire d'inverser sa façon naturelle de considérer son propre argent et d'envisager la façon dont il l'a obtenu (rien contre quelque chose), plutôt que l'usage qu'il en a fait par la suite, dans lequel il ne fait que récupérer ce qu'il a donné pour l'obtenir. Une fois que les hommes penseront de cette manière, l'argent lui-même commencera à apparaître comme le contraire de ce qu'il est supposé être, c'est-à-dire le fait de se passer d'une vaste collection de biens utiles et précieux par la communauté qui a pleinement le droit de les posséder, et que tout individu est libre de posséder s'il le désire, bien qu'en fait il ne le fasse qu'en obtenant qu'un autre prenne sa place pour se passer de ces biens.

Au premier abord, sans doute, toutes ces idées semblent à l'envers, une inversion purement pédante et volontaire de la manière naturelle d'envisager le problème. Mais on peut affirmer que quiconque s'est vraiment engagé dans cette voie et a essayé de la suivre ne pourra jamais revenir en arrière. Rien dans le monde ne sera plus jamais comme avant. Est-ce la nouvelle vision qui est à l'envers ou l'ancienne ? Ces files d'attente de chômeurs désespérés et misérablement nourris qui, si elles s'étendaient en rangs serrés, épaule contre épaule, jalonneraient la route de Lands End à John o' Groats et qu'il faudrait serrer les uns contre les autres pour les faire tous entrer, sont-elles un signe de pauvreté ou de richesse ? Ces colonnes et ces colonnes de titres boursiers qui s'étalent quotidiennement sur les pages des journaux du matin sont-elles vraiment la preuve de la prospérité nationale ? La dette nationale à elle seule, quelque 8 000 millions de livres, soit 160 livres par homme, femme ou enfant, rapportant chaque jour un million d'intérêts à quelqu'un, est-ce de la dette ou de la richesse ? Tout dépend du point de vue. Si nous voulons comprendre les problèmes économiques nationaux, nous devons abandonner complètement nos idées conventionnelles et nous retourner, tout comme nous avons dû le faire avec l'argent lui-même pour le voir sous son vrai jour.

L'abondance d'abord, la répartition ensuite

Mais encore une fois, la mentalité ordinaire dérivée de l'ère de la rareté, selon laquelle il n'y a qu'une quantité limitée de richesses dans le monde et ce que chacun obtient est aux dépens de quelqu'un d'autre, et toutes les querelles jalouses sur la part des intérêts conflictuels dans la production, au lieu d'une coopération commune et loyale pour augmenter la production, fournir et distribuer plus avec moins de travail, apparaît complètement inversée. En ce qui concerne un moment donné, il est bien sûr vrai qu'il n'y a qu'une quantité disponible pour la distribution et pas plus, mais dans le sens voulu, c'est à peu près aussi vrai que si chaque obus tiré pendant la guerre avait été considéré comme un obus de moins à tirer, et c'est totalement faux. La richesse est un flux, pas un stock, et de même que pendant la guerre la production de munitions augmentait régulièrement au fur et à mesure que la guerre durait, de même en temps de paix la production des choses consommées et utilisées dans la vie pourrait, si ce n'était l'étranglement monétaire, être continuellement augmentée dans toute la mesure souhaitée par la raison. Dans l'état actuel des choses, en moyenne, il n'y a probablement pas une personne sur cinq qui fait quoi que ce soit pour produire ou aider les autres à produire ce qui est consommé, et l'ensemble du travail productif est effectué par une petite minorité. Le reste de la population active est soit occupé à négocier le prix et à essayer de vendre le produit à des personnes qui n'ont pas assez d'argent pour l'acheter, soit à gagner sa vie en entravant et en gênant la production. Il en va de même dans la sphère internationale ; des enchevêtrements fiscaux de toutes sortes sont érigés pour empêcher l'échange harmonieux de l'abondance d'une nation avec celle d'une autre.

L'attitude du public à l'égard des coûts

S'il est un domaine dans lequel un changement de mentalité s'impose, c'est bien celui de l'attitude du public à l'égard des coûts et de sa passion erronée pour le bon marché. Cette attitude est bien sûr induite par la rareté artificielle de l'argent, mais à quoi cela aboutit-il ? De nos jours, on dépense beaucoup plus pour vendre les choses que pour les fabriquer. Bien que chacun veuille être bien payé pour son travail, et que le prix ne soit rien d'autre que la somme totale des paiements effectués depuis le début de la production jusqu'à la vente, dès que l'on passe de l'argent gagné sur à l'argent dépensé, on veut d'un seul coup faire baisser le prix, et comme les banquiers, on veut avoir quelque chose pour rien. Ils finissent par payer en moyenne probablement deux fois plus que nécessaire et réduisent leurs propres gains à la moitié de ce qu'ils pourraient être, les trois quarts du coût représentant des frais inutiles de marchandage et de négociation commerciale, d'organisation concurrentielle des ventes et de publicité, qui ne contribuent pas d'un iota à la valeur reçue. Le coût de la distribution du produit devrait, comme le coût de sa production, être connu avec précision et être réduit au minimum par une organisation efficace, et non pas augmenté au maximum par une concurrence inutile et gaspilleuse. Il serait encore plus facile d'élever le niveau de vie général et de donner à tous un revenu plus élevé et de plus grands loisirs en réorientant vers la production une proportion croissante de ceux qui sont actuellement occupés à la distribution et à la vente, que par l'emploi complet et efficace de tout le travail et de tout le capital existants. Les heures de travail et les taux de salaire sont purement traditionnels. La journée de huit heures, qui paraissait une exigence si scandaleuse aux maîtres d'oeuvre de l'époque victorienne, est déjà considérée comme un maximum plutôt que comme un minimum. Libérez les travailleurs de la concurrence des travailleurs arriérés et moins civilisés en libérant les échanges, et fournissez automatiquement assez d'argent pour distribuer au prix concurrentiel réel tous les biens et services que le système de production produit effectivement, et toute la nation pourrait vivre sur une échelle beaucoup plus grande et avec beaucoup moins de travail qu'aujourd'hui. Il est inutile de donner des estimations qui ne sont que des suppositions, bien qu'une multiplication par cinq du revenu avec des heures de travail beaucoup plus courtes, comme le citent certains technocrates américains, semble en Europe être raisonnablement à la portée même des personnes actuellement en vie. Mais il est de loin préférable de donner aux gens suffisamment de ressources financières pour qu'ils puissent cultiver leur vie personnelle et leurs goûts selon leur propre choix, plutôt que de professionnaliser les loisirs, l'éducation et la culture et d'en faire une source de profit commercial.

L'ingérence du gouvernement dans l'économie n'est pas utile

Nombreux sont ceux qui pourraient ne pas être d'accord avec l'auteur lorsqu'il affirme que si l'argent était libéré de son emprise sur les fonctions créatives de la société et rétabli à sa juste place en tant que mécanisme de distribution, et si, par l'amortissement ou autrement, l'accumulation illimitée de dettes communales était empêchée, et celle déjà accumulée réduite, il n'y a pas grand chose à redire au système économique productif en tant que tel. Toutes sortes de craintes seront sans doute entretenues quant aux conséquences, mais, de l'avis de l'auteur, aucun des problèmes susceptibles de survenir ne *sera alors* difficile à traiter, au fur et à mesure qu'ils se produiront. Un système économique est nécessairement un état d'équilibre intégrant les actions des individus qui le composent, et le résultat ne peut qu'être une moyenne de tous les efforts déployés par les individus pour assurer le plus efficacement possible et avec le moins de gaspillage possible leur propre subsistance. Avec une meilleure compréhension physique des aspects nationaux et des conventions qui sous-tendent l'économie des individus, il semble nécessaire que les gouvernements interviennent de moins en moins et que ceux qui, à l'intérieur du système lui-même, sont activement engagés dans le travail d'approvisionnement et de satisfaction des besoins économiques de la communauté, donnent des directives de plus en plus intelligentes. Si trop de gens essaient d'"épargner", le taux d'intérêt baissera et il sera moins avantageux de le faire, et si l'épargne est insuffisante pour maintenir et accroître le capital productif, le taux d'intérêt augmentera pour contrecarrer cette tendance. Dans une ère d'abondance, on peut laisser ces questions s'ajuster d'elles-mêmes à , une fois que le système monétaire et d'endettement a été mis en accord avec la réalité physique. C'est la création d'argent pour les jeux spéculatifs qui fausse cette vérité.

Une évolution progressive de l'industrie

Il ne s'agit pas de nier la nécessité ou l'importance d'une évolution progressive de l'industrie pour la libérer de sa servitude actuelle à l'égard de la propriété et des derniers vestiges de l'asservissement économique ou de l'esclavage. C'est à cette fin que les plans des Guildes Socialistes sont orientés. Les luttes acharnées du siècle dernier n'auront pas été vaines si elles ont permis de développer parmi le personnel et la base des travailleurs une loyauté et un sens des responsabilités envers eux-mêmes qu'ils devraient être fiers de consacrer au travail de l'ensemble de la communauté. Mais ces progrès ultérieurs dépendent tous d'une croissance graduelle et ordonnée qui, en premier lieu, ne peut se produire que par l'élévation du niveau de vie. Celle-ci est freinée et frustrée par les luttes perpétuelles et les sabotages qui ont marqué les luttes du passé et qui sont principalement dus à notre système monétaire totalement frauduleux. On pourrait en dire autant de toutes les lois sociales d'amélioration du siècle dernier, qui se sont contentées d'essayer de traiter et d'atténuer les souffrances causées par le système monétaire, sans jamais s'attaquer intelligemment à la cause de ces souffrances. Mais tous ces problèmes sociaux et politiques n'entrent pas dans le cadre de ce livre, dont l'objet principal est d'exposer sur le rôle légitime de l'argent, de traiter fidèlement le système existant tel qu'il s'est développé et de montrer comment il contrecarre tous les efforts visant à instaurer un état de choses plus sain et plus heureux. Quels que soient les changements sociaux ultérieurs que l'expérience peut dicter, aucun enquêteur impartial sur le sujet de l'argent aujourd'hui ne peut longtemps échapper à la conclusion que, jusqu'à ce que le système soit radicalement transformé et ses erreurs éliminées, il ne peut y avoir aucun espoir de paix, d'honnêteté ou de stabilité à nouveau dans ce monde.

La réforme monétaire d'abord

Aussi souhaitable et nécessaire que soit la refonte de l'appareil politique, social et économique de l'État moderne pour permettre aux nouvelles possibilités de vie introduites par le progrès scientifique moderne de se développer en toute liberté, les difficultés particulières qui ont accompagné ce progrès ne sont pas dues directement à son obstruction par les vieilles habitudes de pensée, mais par les idées nouvelles et totalement fausses concernant l'argent. A cet égard, il est nécessaire de revenir à la base fondamentale de l'argent comme quelque chose qu'aucune personne privée ne devrait être autorisée à créer pour elle-même. Tous, de la même manière, devraient devoir céder à l'argent la valeur équivalente en biens et services avant de pouvoir l'obtenir. Ce que nous avons aujourd'hui n'est pas à proprement parler un système monétaire, et l'argent, en tant que chose toujours créée et détruite par l'emprunt et le remboursement, est un phénomène nouveau dans l'histoire. De même, tous les maux familiers de notre époque sont nouveaux dans l'histoire. Ils sont tous les conséquences d'un faux système monétaire. La croissance continue du chômage en est un exemple. Le pouvoir d'emploi n'est pas donné en fin de compte par la possession d'argent, mais par la possession des nécessités physiques utilisées et consommées par le travailleur dans le cadre de son emploi. Au lieu que ceux-ci ne puissent être obtenus que par des personnes ayant elles-mêmes renoncé à des biens ou des services équivalents, le stock de moyens de travail de la nation est continuellement épuisé par des détournements qui ne diffèrent des petites escroqueries du faux-monnayeur et du faussaire que par leur universalité et leur ampleur colossale. Le chômage moderne, comme la monnaie moderne, est un phénomène nouveau. Quiconque comprend vraiment la signification physique de ce qui se passe aujourd'hui dans le monde économique, par le biais de la création et de la destruction arbitraires et privées de monnaie, ne peut s'étonner que le monde ait été conduit si près du désastre.

Même un écolier peut comprendre la distinction entre prêter à quelqu'un, c'est-à-dire se priver, et prêter ce qui appartient à quelqu'un d'autre, c'est-à-dire éviter de se priver. Les économistes écrivent encore comme si la nation existait pour le bien des banques, le public étant adéquatement compensé par le fait que les banques ne facturent pas leurs clients ordinaires pour leurs services de tenue de comptes. Mais les banques ne sont certainement pas les personnes à qui l'on peut faire confiance pour donner des conseils sur les affaires économiques d'une grande nation commerciale et industrielle. L'homme ordinaire appréciera au moins l'importance de l'honnêteté dans le système monétaire, même s'il est probable qu'il surestime grandement les difficultés qui empêchent la nation de l'obtenir.

Le système actuel face à un dilemme

Par ceux qui sont fondamentalement opposés à toute réforme qui stabiliserait le niveau des prix intérieurs et empêcherait les fluctuations incessantes de la valeur de l'argent dont ils tirent leur subsistance par une forme de spéculation, la question a jusqu'à présent été présentée comme une alternative entre la fixation du niveau des prix intérieurs et la fixation des échanges extérieurs. La vérité est plutôt que ces intérêts veulent que les banques puissent continuer à créer de l'argent, pour leur propre usage et d'autres usages similaires, sans avoir à se préoccuper de trouver de véritables prêteurs. Ils veulent une certaine hausse initiale prévisible des prix, les bourses étant fixées ou rattachées pour ramener la valeur au pair *après la* hausse des prix. Ils veulent que les banques, qui leur fournissent de l'argent pour rien, le détruisent après avoir profité de son utilisation. Mais si l'on empêchait le premier, la question des bourses revêtirait beaucoup moins d'importance.

Certes, si les banques continuent à avoir la liberté d'élever le niveau des prix intérieurs par des prêts fictifs et si celui-ci n'est pas périodiquement ramené à la baisse par des méthodes détournées adoptées pour fixer les échanges, toutes nos importations nous coûteront proportionnellement plus cher, tout comme la valeur de la monnaie nationale est dépréciée, et nos investissements à l'étranger seront ainsi proportionnellement réduits en valeur, tant en ce qui concerne le principal que les intérêts. L'inverse s'applique bien sûr à l'heure actuelle. Les politiques monétaires adoptées au profit des rentiers à l'intérieur du pays agissent autant contre les débiteurs étrangers que contre les débiteurs nationaux et s'avèrent être un puissant facteur de désintégration au sein de l'Empire. Cette nation ne peut s'en prendre qu'à elle-même si ses débiteurs étrangers font faillite ou trouvent d'autres moyens d'échapper à leur fardeau artificiellement gonflé.

L'argument couramment avancé en faveur de l'ancrage des devises est que la nourriture du pays, qu'il achète en grande partie à l'étranger grâce au paiement des intérêts des investissements passés, serait sinon menacée. Mais cet argument est ridicule lorsqu'il s'agit de s'opposer à ce que le pays émette sa propre monnaie. C'est le système existant qui est perpétuellement confronté à un dilemme et qui ne sait plus comment jouer avec le niveau des prix intérieurs sans mettre en péril les investissements étrangers. Empêcher le premier et le second ne se produira pas.

La nécessité économique des frontières

Néanmoins, il restera des intérêts très puissants en faveur de la fixation des échanges plutôt que du niveau des prix internes. Ils auront réfléchi de cette manière. Lorsque les échanges sont libres, ils vont bien sûr à l'encontre du pays dans lequel les biens sont les plus chers à produire et en faveur de ceux dans lesquels ils sont moins chers, évitant ainsi que les marchés des premiers ne soient soumis à la concurrence des seconds. En franchissant la frontière, l'argent s'ajuste automatiquement au coût de la vie dans le nouveau pays. Si le coût de la vie y est inférieur, l'argent perd en pouvoir d'achat et, s'il est supérieur, il en gagne, de sorte qu'il est toujours en mesure d'acheter à peu près la même richesse, quel que soit le côté de la frontière où il se trouve. Mais selon les principes financiers et pécuniaires ordinaires du rentier et du banquier, cette situation semble erronée et devrait, selon eux, être corrigée par un moyen quelconque de fixer les échanges. Il semble absurde qu'une personne en possession d'un revenu monétaire fixe, traversant une frontière où les biens sont chers et où le niveau de vie et les salaires sont élevés, ne soit pas mieux lotic qu'elle ne l'était avant d'émigrer dans un pays où les biens sont bon marché et où le niveau de vie et le niveau des salaires sont bas.

L'argument se résume en fait à ceci. Une personne qui a épargné dans un pays et qui dispose d'un revenu déterminé devrait pouvoir se rendre dans un autre pays et dépenser son revenu là où il est le plus rentable, c'est-à-dire qu'elle devrait pouvoir le gagner sur le marché le plus élevé et le dépenser sur le marché le plus bas. Les frontières, qui sont une protection pour ceux qui doivent gagner leur vie, sont un obstacle pour ceux qui ne la gagnent pas. Toute la propagande en faveur de l'unification du monde entier en une seule fraternité, alors que tous sont encore à des stades différents d'évolution et de niveau de vie, bien que découlant sans doute d'un sentiment religieux faussement idéaliste, est sédentairement encouragée par ceux qui n'ont pas à gagner leur vie, ou qui, s'ils la gagnent, souhaitent dépenser ce qu'ils gagnent dans un autre pays. La différence entre laisser les échanges libres et tenter de les stabiliser est que, si aucune entrave n'est offerte à ceux qui souhaitent résider dans un pays étranger, il n'y a aucun avantage économique à en tirer. En revanche, si les taux de change sont fixes, il n'est pas nécessaire d'émigrer pour profiter d'un niveau de vie inférieur ailleurs. Qu'ils soient fixés "automatiquement" par un étalon-or ou, comme cela semble avoir été le cas lors de l'effondrement des États-Unis en 1929, par une déflation arbitraire, le niveau des salaires et de la vie dans les pays les plus avancés est ainsi ramené à celui qui prévaut dans les pays les moins avancés.

Le libre-échange est synonyme de libre-échange

Avec des échanges étrangers libres, il n'y aurait pas besoin de barrières tarifaires ou d'accords fiscaux compliqués, les nations seraient libres de commercer pour leur bénéfice mutuel, et il n'y aurait rien de tel que le niveau de vie général dans les pays les plus développés soit mis en danger par la concurrence extérieure avec le reste du monde. Les véritables prêts et emprunts entre nations cesseraient d'être un danger et deviendraient inacceptables si les niveaux de prix internes étaient fixés et les échanges libérés. En bref, tout l'attirail fiscal compliqué qui empêche aujourd'hui les marchandises de franchir les frontières pourrait disparaître si les monnaies des différents pays ne pouvaient s'échanger qu'à leur pouvoir d'achat respectif, chacune dans son propre pays, et si l'on abandonnait une fois pour toutes les rapports de parité arbitraires établis lorsqu'elles étaient toutes convertibles en or. Le niveau des prix dans un pays étant fixé de la manière décrite, les variations dans les échanges extérieurs seraient alors presque entièrement dues aux variations des niveaux de prix à l'étranger, et c'est certainement ainsi que les choses devraient se passer.

Un compromis difficilement réalisable

De nombreuses personnes influentes, ne serait-ce que parce qu'elles s'opposent à des changements soudains, souhaiteront faire un compromis en continuant le système bancaire avec les modifications et les garanties que la philosophie moderne de l'argent peut suggérer. Mais il n'est pas dans la nature de la science de croire que la fausse comptabilité puisse faire l'objet d'un compromis. Certaines personnes doivent gagner au détriment d'autres, et tout l'argument en faveur du compromis vise en fait à déterminer exactement comment les blessures peuvent être dissimulées au mieux à la connaissance des victimes sans méfiance.

Il est clair que le point vital sur lequel aucun compromis n'est possible est la quantité globale de monnaie, qui devrait toujours être connue du public, comme c'était le cas pour l'ancienne monnaie symbolique qui circulait à Athènes et à Sparte plusieurs siècles avant Jésus-Christ. Le pouvoir d'augmenter ou de diminuer cette quantité globale de monnaie doit être retiré au système bancaire et confié au contrôle central de la nation. De plus, les dernières personnes à qui l'on peut faire confiance pour décider si l'émission doit être augmentée ou diminuée sont celles qui sont nées et ont été élevées dans le jargon du marché de l'argent. Toutes leurs expressions - "boom spéculatif", "prospérité fictive", "excès de confiance" et autres - avalées avec tant de désinvolture par les prétendus étudiants impartiaux de l'argent dans le passé, devraient maintenant être universellement reconnues comme la manière polie d'informer les initiés que le niveau de vie de la classe ouvrière s'élève dangereusement au-dessus du niveau de subsistance, et qu'il faut jouer avec la quantité de monnaie pour le faire chuter.

CHAPITRE IX

L'HONNÊTETÉ est LA MEILLEURE POLITIQUE MONÉTAIRE

LES Signes d'une nouvelle vérité

Notre tâche ne serait pas complète si ce livre ne donnait pas au moins une indication à l'esprit du lecteur sur les signes, d'abord souvent légers, mais cumulatifs et entrelacés, par lesquels un chercheur scientifique ou un pionnier dans de nouvelles régions de la pensée sait qu'il est sur un terrain sûr, même quand tout le monde peut le croire fou. Il s'agit là d'une question philosophique d'un grand intérêt, car si nous examinons l'histoire du progrès, la direction qu'il a prise semble si souvent être une question d'intuition et de conviction, plutôt que de dépendre de quelque chose qui, à l'époque, aurait été accepté comme une preuve convaincante ou logique. Mais il s'agit peut-être là d'un jugement extérieur ou de masse de ceux qui, consciemment ou non, acceptent comme preuve des expériences pratiques ultérieures plutôt que des principes théoriques fondamentaux.

L'un de ces signes est certainement la façon dont ce qui semble n'être qu'un puzzle d'événements et d'énigmes déconnectés les uns des autres semble soudain s'emboîter pour former une image, se perdre à nouveau dans un brouillard d'incertitude, mais revenir toujours, à chaque fois un peu plus ordonné et défini.

C'est ce qui a dû arriver à beaucoup de ceux qui, une fois engagés sur la voie du renversement des illusions conventionnelles induites par la substitution de l'argent à la richesse, ne pourront jamais revenir en arrière tant qu'ils n'auront pas redonné à la réalité concrète et aux idées physiques la place qui leur revient, et qu'ils ne pourront plus jamais entretenir les croyances conventionnelles et impressionnistes qui prévalent encore aujourd'hui quant à la cause et au remède des troubles du monde. Il apparaît une correspondance satisfaisante entre la nature même du problème non résolu et l'interprétation qui s'en dégage, de telle sorte qu'aucune des maladies qui affligent aujourd'hui les relations entre les hommes n'est due à une insuffisance physique réelle, telle qu'elle a caractérisé les époques antérieures de l'histoire. Elles sont dues à l'exact contraire, à la "surproduction", à la "surabondance", à la concurrence pour les marchés et à d'autres phénomènes similaires, qui font de l'existence continue de la pauvreté et de l'indigence une absurdité physique. Là où M. Baldwin demandait : "À quoi sert-il de pouvoir fabriquer des produits si on ne peut pas les vendre ?", le nouvel économiste répondrait immédiatement : "Pourquoi ne pouvons-nous pas les vendre ? A quoi sert l'argent ?" et trancherait immédiatement le noeud gordien de l'enchevêtrement.

Un autre signe est la projection de la nouvelle vision dans le passé et la façon dont, là aussi, elle éclaire ce qui était auparavant mystérieux et inexplicable. A cet égard, il est réjouissant de constater que de nombreux étudiants en histoire commencent à se rendre compte du rôle important joué par les causes monétaires dans les changements de fortune et de direction qui ont frappé les nations. Ils comprennent maintenant que ces causes monétaires donnent une interprétation beaucoup plus juste du véritable ferment à l'oeuvre que les personnalités et les motifs de ceux qui étaient apparemment les principaux acteurs du drame. Dans l'histoire du siècle dernier, nous avons eu l'occasion de remarquer comment l'étalon-or a fonctionné, et comment il a été complètement incapable de limiter, comme il était prévu, l'effet d'un faux système monétaire à chaque pays individuel , mais a progressivement étendu et élargi la zone de perturbation jusqu'à ce qu'elle englobe maintenant le monde entier.

Un autre signe de la puissance d'une idée nouvelle et vraie est qu'elle s'étend au-delà de son application immédiate pour jeter une lumière nouvelle sur des problèmes connexes. Ainsi, nous avons vu que l'erreur identique qui explique l'échec du système monétaire explique aussi les vieilles confusions dans la sphère politique et économique concernant le capital, et la lutte chronique, toujours aussi incertaine, entre ce que l'on appelle le capitalisme ou l'individualisme et le socialisme.

Voilà donc quelques-uns des canaux par lesquels une idée nouvelle fait son chemin dans l'esprit général, même si elle s'oppose à des habitudes de pensée héritées et stéréotypées, et c'est la gloire significative de notre époque qu'en raison de l'accélération générale du rythme de vie, d'une éducation plus large et plus libérale, non seulement du type formel , mais dans l'atmosphère même que respire le citoyen moderne, cette période d'incubation se raccourcit incroyablement. Ainsi, alors qu'il fallait trois ou quatre générations, il y a un siècle, pour qu'une pensée nouvelle imprègne l'esprit général, nous voyons aujourd'hui tout le processus se dérouler sous nos yeux d'année en année. Une fois que l'on a compris que nous vivons à une époque qui ne se distingue que par sa science et par sa compréhension et son contrôle des réalités physiques du monde extérieur, il faut accepter le corollaire suivant : tout ce qui s'oppose à la réalité physique ne peut être autorisé à se poursuivre. Toute tentative d'ordonner le monde sur une voie physiquement impraticable est contraire à la force motrice du progrès et, si l'on persiste, ne peut qu'entraîner un désastre. En résumé, nous vivons dans une ère scientifique dont l'objectif est contrarié par la survivance de croyances en l'argent, en tant que mécanisme pratique de distribution, qui sont exactement à l'opposé de celles qui ont rendu cette ère possible. Les symptômes et les répercussions sont d'une obscurité et d'une complexité infinies, mais le remède n'est ni obscur ni complexe. Il est aussi simple et efficace que la correction d'une erreur d'arithmétique.

La réforme monétaire commence chez soi.
Le plan des États-Unis

De nombreuses personnes souhaitent faire de la réforme de l'argent une question internationale et ont la vague idée que l'argent devrait être international. Nous venons d'évoquer certains des intérêts en faveur de cette idée, ceux qui souhaitent que puisse gagner sur le marché le plus élevé et dépenser sur le marché le plus bas. D'autres pensent que tant que le banquier international n'est pas contrôlé, il est inutile d'essayer de s'occuper du système monétaire interne. Beaucoup pensent que la politique du président Roosevelt vise en fait à mettre à l'épreuve les intérêts monétaires internationaux avant de s'occuper de ceux qui sont plus proches de nous. Quoi qu'on en pense, elle ne semble pas encore contenir un seul principe clair qui, de l'avis de l'auteur, est essentiel à toute véritable réforme permanente. Les depenses nationales pour la reconstruction economique en Amerique sont d'une ampleur telle qu'elles vont grever les États-Unis d'une nouvelle dette permanente, les obligeant a augmenter leurs impots d'environ 100 millions de livres sterling supplementaires par an.

Il est tout à fait erroné d'imaginer qu'une politique visant à accroître la dette nationale puisse être le moindrement antagoniste des intérêts monétaires, car c'est en fin de compte l'objet et le but principaux de la guerre elle-même. Même si elle peut être critiquée superficiellement comme étant extravagante, elle s'inscrit dans la ligne principale de moindre résistance de l'ancien système. L'objectif de ce système est l'augmentation de toutes les formes de dette nationale. L'épreuve décisive de la réforme est leur rachat ou leur amortissement à partir des recettes. Tout cela aurait été totalement inutile si la nation américaine avait fait dès le départ le seul pas sûr vers le succès final, au lieu de reporter et peut-être de ne jamais l'atteindre. La première étape consiste à traiter la question de l'argent elle-même. En effet, le pouvoir des banques internationales et internes dépend de la capacité à maintenir le niveau des prix internes toujours en mouvement. Placer cela sous le contrôle statistique national, en rendant toute la monnaie nationale et en réglementant le montant global émis, et libérer les échanges avec l'étranger, et une nation avec un système monétaire honnête n'a rien à craindre de la manipulation du niveau des prix dans d'autres pays. Mais si l'on laisse la monnaie nationale malhonnête et si l'on permet de faire varier son niveau de prix en la créant et en la détruisant selon les besoins des spéculateurs, le pays sera tôt ou tard la victime certaine d'une attaque extérieure destinée à réduire son niveau de vie au niveau le plus bas en vigueur ailleurs.

A cet égard, les États-Unis sont certainement plus forts et mieux à même de se protéger que les nations européennes les plus anciennes et les plus endettées. Il se peut, comme tout homme sensé doit l'espérer, que les mesures positives courageuses prises par le président des États-Unis pour vaincre la paralysie artificielle de son système économique par le système bancaire le rendront suffisamment fort et respecté politiquement pour faire quelque chose qui sera probablement plus efficace de façon permanente que tout ce qu'il a tenté jusqu'à présent, et qu'il pourra, en fait, donner au monde un système monétaire basé sur la réalité physique. Mais cela semble encore très incertain. Si l'on prétend que la rapidité était l'essence du problème et que des rendements rapides étaient indispensables en raison de la détresse aiguë généralisée, il est tout aussi rapide d'émettre de la nouvelle monnaie de manière correcte que de manière incorrecte, lorsque l'on comprend les principes impliqués. En tout état de cause, la nation a dû assumer un contrôle provisoire sur l'ensemble du système bancaire et, dans ces conditions, en attendant l'abolition complète de l'émission privée de monnaie, le montant existant aurait pu être stabilisé et augmenté par des émissions nationales. Si cela avait été fait en levant de véritables emprunts et en les remettant en circulation par l'émission de nouvelle monnaie avec une remise correspondante des impôts, le niveau des prix n'aurait pas été perturbé. D'autre part, si l'objectif était délibérément d'augmenter les prix, personne ne peut prétendre qu'il y a une quelconque difficulté à le faire - les emprunts authentiques n'auraient pas été nécessaires dans cette mesure. La situation aurait alors été, dès le départ, absolument sous contrôle national.

Synthèse des principes de la réforme

Quelle que soit la manière dont cela est fait, il n'y a pas de doute sur ce qui doit être fait. L'argent est une dette qui ne peut être remboursée parce qu'il n'existe rien avec quoi la rembourser, et le capital est une dette qui ne peut être remboursée parce qu'il existe contre lui des choses d'usage social seulement, qui ne peuvent plus jamais être converties en ce que les individus demandent et consomment. En ce qui concerne la première, qu'elle soit émise par et pour toute la nation, au fur et à mesure qu'apparaissent sur le marché des biens d'usage et de consommation sans argent et qui ne peuvent être vendus sans faire baisser les prix. Quant à la seconde, rendons toutes les dettes remboursables en affectant à leur amortissement une partie des revenus qu'elles produisent, et, pour les dettes permanentes non productives, en calculant le rendement de manière à permettre l'actualisation de la valeur future du principal à sa valeur présente, ainsi que l'accroissement de cette valeur dans l'avenir. Dans le premier cas, nous aurons des compteurs physiques au lieu de zéros magiques en dessous de zéro, et dans le second, si les augmentations vers l'avant sont aussi des diminutions vers l'arrière.

En ce qui concerne les étapes de transition, fixer un indice des prix sur le coût des dépenses les plus importantes d'un ménage moyen de la classe moyenne, exiger des banques qu'elles gardent toujours une livre pour une livre de monnaie nationale sur leurs comptes courants pouvant être tirés par chèque, créer un bureau national consultatif de statistiques sur une base scientifique indépendante et reconstituer l'hôtel des monnaies pour l'émission de toutes les monnaies. Éviter comme la peste les projets de nationalisation des banques. L'objectif est de mettre fin à la frappe privée et de nationaliser la monnaie elle-même, et non de contrôler la tenue légitime des comptes ou d'autres institutions financières. A l'avenir, affecter, d'une part, le produit de l'émission de monnaie au soulagement du contribuable et, d'autre part, le produit de l'impôt sur les "revenus non gagnés" à l'achat, pour la nation, du capital dont ils sont issus. Ceux-ci couvrent au moins tout ce qui semble fondamental et essentiel en ce qui concerne la réforme interne du système de la manière la plus simple et la plus ouverte possible, et avec le minimum d'interférence avec l'organisation économique de la nation.

Libérer les échanges

En ce qui concerne ses transactions économiques extérieures, tant avec les autres nations qu'avec les membres de sa propre famille, libérez les échanges et placez-les également sous contrôle national. Laissons-les trouver leur propre niveau et n'entraînons pas les nations au niveau du plus bas. Oublions combien de dollars en Amérique, de francs en France ou de marks en Allemagne allaient à la livre sous le régime de l'étalon-or, et faisons en sorte qu'il y en ait autant qui aillent à la livre et qui permettent d'acheter la même chose dans le pays en question que la livre ici. Réduire l'or au rang de simple marchandise destinée à faciliter les règlements internationaux et le laisser s'acheter et se vendre comme n'importe quelle autre marchandise. Il n'y a alors aucun avantage ou inconvénient dans l'échange de la monnaie d'un pays contre celle d'un autre pays qui ne se corrige pas immédiatement en rendant plus facile le règlement par les marchandises plutôt que par l'échange de monnaie. Les pays ne peuvent alors que prêter leurs propres biens et services et être remboursés par ceux de leurs débiteurs. Au lieu d'être rivaux et ennemis sur leurs marchés respectifs, d'ériger des barrières tarifaires pour protéger les leurs, et d'être tous les mêmes les dupes d'opérations financières compliquées sur où A prête ce que B emprunte et C fournit, les nations seront protégées par leurs échanges, et trouveront enfin la paix.

De grandes prétentions ? Oui, mais la moitié n'est pas encore dite. Qu'une seule nation s'avance, armée du vêtement de l'honnêteté, et elle pourra affronter le monde sans craindre les chicaneries et les conspirations qui servent encore aux systèmes monétaires des autres pays. Roosevelt, semble-t-il, n'y croit pas politiquement, mais cela semble néanmoins scientifiquement vrai. La réforme commence chez soi. Que la Société des Nations s'en occupe. Essayer de réformer le monde entier sans d'abord s'attaquer au mal qui sévit chez nous, c'est peut-être une croisade, mais ce n'est pas de la politique pratique. Mais ceindre l'épée et le bouclier de la vérité, c'est faire du monde entier notre allié, même si tous les pays extérieurs sont encore sous l'emprise du pouvoir de l'argent. Comme l'a dit sagement le Major Douglas, dans le même contexte, on ne résout pas un problème en l'élargissant.

La véritable dictature universelle

Sans doute beaucoup se moqueront-ils de l'idée qu'une notion aussi enfantine que le comptage honnête soit, de nos jours, la clé de problèmes qui ont déconcerté pendant des générations la sagesse collective des hommes d'État et des conseillers du monde entier. Mais que leur doit le monde moderne ? C'est un monde qui a été créé par ce type d'honnêteté et par l'abolition de tous les prétendus miracles, en le domaine des réalités physiques, dans les limbes de la superstition et de la magie.

Il est curieux de constater que la première description de la machine à vapeur dans l'Antiquité décrit son utilisation pour l'ouverture magique des portes des temples, lorsque les prêtres allumaient les feux sur les autels, afin de tromper la population en lui faisant attribuer à une divinité ce qui était l'œuvre de l'ingénieur. De la même manière, aujourd'hui, la fécondité presque illimitée des découvertes scientifiques créatives et des inventions de l'époque est utilisée pour ouvrir mystérieusement les portes du saint des saints des temples de Mammon par une hiérarchie d'imposteurs et d'imbéciles, qu'une civilisation saine doit d'abord démasquer et éliminer.

Qu'on cesse de prétendre que l'économie ne doit pas s'occuper de morale, car la morale dont il s'agit est celle que l'économie prend naturellement, sinon il n'y aurait pas de système économique du tout. Le public, sinon les économistes, après l'expérience de la guerre et de l'après-guerre, est maintenant pleinement conscient de l'escroquerie insidieuse à laquelle le système de création et de destruction de l'argent s'est prêté et il devrait insister sur une monnaie honnête comme étant infiniment plus importante que des poids et mesures honnêtes. Le "système de crédit", qui était considéré au siècle dernier comme un grand progrès dans la facilitation du commerce et de la spéculation, apparaît aujourd'hui comme un dispositif tout à fait enfantin de calcul de l'argent à partir d'une ligne de référence toujours variable au-dessous du zéro, utile sans doute à une époque, mais qui revient aujourd'hui au galop.

Des milliers de livres sterling de biens de valeur, dont la fabrication a pris des mois, entrent en possession de personnes qui n'ont pas contribué d'une seule main à leur fabrication en grattant dans un registre de banque derrière les portes du sanctuaire d'un directeur de banque. Des millions d'heures de travail sont consacrées à l'expédition de marchandises, peut-être à l'autre bout du monde, et, hi ! presto, l'exportateur est payé pour ces marchandises et reçoit un permis de récupération sur les marchandises de son propre pays avant même que celles qu'il a vendues ne quittent le port. Pire encore, lorsque les marchandises étrangères arrivent pour être payées, l'argent créé disparaît. Ainsi, sous l'abracadabra cabalistique des "effets escomptés", des "acceptations", de "l'argent à vue et à court terme", la coexistence des nations devient impossible, et elles aussi doivent disparaître, afin que rien n'entrave la réalisation de l'impossible physique, le comptage au-dessous du niveau où il y a quelque chose à compter.

Ne nous méprenons pas sur ce qui ne va pas. Il ne s'agit pas de la lettre de change en elle-même ni d'aucun des dispositifs légitimes que le monde commercial a inventés pour faciliter le commerce international, mais de tous les tours de passe-passe bancaires qui ne pourraient pas être réalisés si l'argent était constitué de jetons ou de pions physiques, dont le nombre ne peut pas être rendu négatif. S'il en était ainsi, personne, , ne pourrait obtenir de l'argent sans que quelqu'un d'autre n'y renonce, à l'exception de l'État qui émet l'argent en premier lieu. Le test de l'acide, comme le remède, est vraiment d'une simplicité dévastatrice, mais cela n'empêchera pas les banquiers de s'y opposer jusqu'au dernier retranchement. Ceux-ci, tout en faisant toutes sortes d'affirmations ridicules selon lesquelles ils ne créent et ne détruisent pas continuellement de l'argent par leurs méthodes, ne veulent pas que de telles affirmations soient soumises à ce simple test physique.

Est-il si absurde de suggérer que toute la folie du monde pourrait être guérie en remplaçant le banquier par une honnête machine à calculer ? Ce type de dictature existe déjà universellement en fait, quel que soit le prétexte, et la nation qui reconnaîtra la première la vérité n'aura pas besoin de mettre en place un autre dictateur dans son royaume ni de craindre une agression ou une ingérence de l'extérieur.

Reculer pour mieux sauter

C'est ainsi que l'origine des troubles sociaux et internationaux actuels, ainsi que la frustration des progrès scientifiques et des inventions bénéfiques qui ont mis au service de l'homme les forces primaires de la nature, ont une cause unique : des dettes qui, de par leur nature, ne peuvent jamais être remboursées ! Deux catégories ont été distinguées. La première est la dette des biens et services cédés à l'apparition de l'argent, pour remplacer l'échange direct par le troc et combler l'intervalle de temps entre la production et l'utilisation ou la consommation finale. La seconde est la dette de capital de l'argent cédé par les individus pour fournir à la communauté les biens et services nécessaires à la construction de l'organisation productive générale, qui sont *consommés* dans la production des installations et des accessoires nécessaires avant le début de la production. Ces produits ne sont d'aucune utilité pour le consommateur et, de par leur nature, ne peuvent jamais être distribués pour rembourser les créanciers.

Pour apaiser les maladies du monde, toutes les formes de ruse, d'évasion et de report ont été essayées en vain et beaucoup d'autres sont proposées, mais un remède reste ignoré, qui se distingue par sa franchise, sa simplicité et son efficacité de tous les palliatifs, les améliorations et les compromis, les antagonismes et les conflits aveugles, internes et internationaux, et la ronde épuisante des luttes sociales et économiques. C'est la vérité. L'honnêteté est la meilleure des politiques, et ce vieil adage ne saurait être plus évident qu'en ce qui concerne l'argent lui-même. À cet égard, comme le disent les Français, *reculons pour mieux sauter*. Ne faisons pas un seul pas en avant avant d'avoir fait le premier pas en arrière.

Qu'est-il licite de créer ?
-La richesse ou l'argent ?

Nos mécanismes politiques, sociaux et juridiques peuvent être dépassés et nécessiter des changements de pensée et de pratique pour tenir compte des nouvelles conditions et des nouveaux modes de subsistance des hommes. Nos formes d'association humaine peuvent être moribondes, notre foi en elles ébranlée et l'esprit des hommes éclipsé. Mais il ne s'agit pas là de causes mais de conséquences. Qui oserait prétendre qu'il est contraire à la loi et à la constitution de ce pays ou de tout autre pays de réussir à alléger le travail de la vie et de permettre aux hommes de vivre moins comme des bêtes ? Ou qui oserait dire qu'il est conforme à la loi de créer et de détruire l'argent

Le système monétaire n'est pas usé ou sénile. C'est une nouveauté, un arriviste et un impérieux, qui met en échec le progrès technologique en le transformant en canaux de destruction, et qui défie l'autonomie non pas d'une nation mais de toutes, de sorte que les autorités originelles constituées pour la préservation de cette autonomie ont maintenant besoin de l'adouber pour gouverner. Entravée par les frontières nationales, rien ne peut la satisfaire tant que le monde entier n'est pas sécurisé pour les banques, afin que son insolvabilité fondamentale ne soit pas exposée. Sous l'apparence spécieuse d'une unification de l'humanité, elle vise à une dictature absolue sous laquelle personne ne sera autorisé à vivre si ce n'est par sa faveur et pour l'avancement de ses caprices transcendants.

La méthode britannique

Ne rejetons pas, comme l'ont fait d'autres pays sous l'emprise de ces innovations antisociales, une croissance propre à notre pays, la liberté de l'individu et de la vie personnelle, et ne nous laissons pas entraîner dans des paroxysmes de désespoir futile par ce nouvel absolutisme. Voyons-le pour ce qu'il est, tirant son pouvoir du prêt de permis de vivre, ses revenus du tribut que tous sans exception doivent lui payer, et son emprise irrésistible de la conséquence, que le monde dupé commence à peine à comprendre, que ses prêts étant fictifs, ses billets de gage ne pourront jamais être rachetés par la suite. Revenons en arrière là où d'autres n'ont pas osé aller, et allons de l'avant là où ils ont dû reculer. N'asservissons pas les hommes pour que les prétendants puissent régner, mais reprenons nos pouvoirs souverains sur l'argent pour que les hommes puissent être libres. C'est une voie que les Britanniques ont déjà empruntée.

Le coûteux système juridique que nous maintenons pour empêcher que de telles choses ne se produisent n'est pas né ou n'a pas grandi dans l'estime du public en tant que mercenaire du gouvernement, mais parce qu'il était autrefois le rempart des peuples contre la trahison des gouvernements. Même si le mensonge pour le compte d'autrui est la voie royale vers la promotion, l'examen de la vérité reste la finalité de la loi. Alors même que les hérauts d'un nouvel Armageddon prennent leur envol, laissons la vérité être mise à l'épreuve - dans le cadre de la loi ou en dehors. Faire semblant de ne rien entendre, de ne rien savoir, les organes de l'éducation publique drogués, les forts pris au piège et les sages dans le brouillard - est-ce aussi l'un des maux de la science ou la négation de celle-ci ?

La question doit-elle être examinée par les tribunaux ou sur le terrain ? Faut-il une majorité pour rétablir une loi qui n'a pas été abrogée, pour faire cesser la contrefaçon parce qu'elle a pris tout le monde ? Faut-il violer la loi pour la faire respecter, ou faire confiance aux organisations démocratiques, toujours officieuses à l'avance par les intérêts mêmes qu'elles prétendent combattre ? Peut-on s'accommoder d'un mensonge en en inventant d'autres pour couvrir le premier ? Ramenons notre système monétaire sur la jauge étroite de l'honnêteté comme le premier pas vers un bond en avant sur la jauge large du progrès. Elle empoisonne l'air même que les hommes respirent, les pourrit à vie ou les engraisse pour la mort, et impute sa malédiction à la science.

Le véritable antagoniste

Le système monétaire est en fait fondé sur l'erreur même à laquelle la civilisation occidentale doit sa grandeur. Il ne sert que les intérêts d'une ploutocratie parasitaire et arriviste qui pratique une sagesse mondaine à l'opposé de celle qui est le fondement de l'époque. Elle préfère l'obscurité à une époque où tous les hommes cherchent la lumière, et sème les graines de la haine et de la guerre dans un monde épuisé par les querelles. Elle empoisonne les puits de la civilisation occidentale, et la science doit se détourner de la conquête de la nature pour s'attaquer à un antagoniste plus sinistre, ou perdre tout ce qu'elle a gagné.

ENVOI

Les sources de la vérité sont aussi limpides que des eaux cristallines.
Aussi limpide que la science qui a libéré
Le flot de la richesse, aujourd'hui endigué et montant en puissance
Pour balayer l'âge qui refuse la renaissance.

La Vierge fait jaillir la source à nouveau, un instant née
Non souillé par les rapports sexuels, un moment Dieu
Pour forger les battements de cœur de l'humanité
Et ramener la croyance à l'intégrité et à la solidité.

BIBLIOGRAPHIE

1. *Richesse virtuelle Richesse et dette.* F. Soddy. (Allen et Unwin.) 1926. Nouvelle édition avec ajouts, 1933.

Il contient les idées originales de la théorie de l'énergie de la richesse et de la théorie de la richesse virtuelle de la monnaie, exposées dans *Cartesian Economics* (Hendersons), 1922, et dans d'autres brochures.

2. *L'argent contre l'homme.* F. Soddy. (Elkin Mathews et Marrot.) 1931. Un compte rendu succinct de la même chose.

Parmi les ouvrages les plus proches de ces points de vue, on peut citer les suivants :

3. *La cause principale du chômage.* Denis W. Maxwell.

(Williams et Norgate.) 1932. 75. 6J.

4. *Promesse de paiement*, R. McNair Wilson. (Routledge and Sons.) 1934. Omnia Veritas Ltd, 2014.

(Ces deux ouvrages traitent en particulier du commerce international, le dernier prétendant, à juste titre, rendre la question intelligible pour toute personne âgée de plus de 16 ans).

Un autre ouvrage récent, traitant de la situation dans différents pays, est le suivant

5. *L'éclatement de la monnaie : Une explication historique.* C. Hollis. (Sheed and Ward.) 1934.

Pour un exposé modéré des propositions de "Crédit Social" du Major Douglas, contenant une bibliographie, voir :

6. *L'ère de l'abondance.* C. Marshall Hattersley. (Sir Isaac Pitman and Sons.) 1929.

Voici le premier et le dernier livre de S. A. Reeve :

7. *Coût de la concurrence.* S. A. Reeve. (New York : McClure, Phillips and Co.) 1906. Traite du gaspillage des efforts dans le "mercantilisme" compétitif.

8. *Les lois naturelles de la convulsion sociale.* S. A. Reeve. (New York : Dutton and Co.) 1933. Présente la théorie des guerres et des révolutions adoptée dans ce livre.

Le système et les propositions de Silvio Gesell se trouvent dans :

9. *L'ordre économique naturel.* Silvio Gesell, traduit par P. Pye de la 6ème édition allemande (Neo-Verlag, Berlin-Frahnau), 1929.

10. *L'argent gratuit.* J. Henry Büchi. (Search Publishing Co.) 1933. 5.

11. *Timbres-poste.* Irving Fisher. (Adelphi Co., New York.) 1933 ; Décrit la propagation soudaine de la monnaie de Gesell aux États-Unis et se veut un guide pratique pour les municipalités souhaitant adopter cette nouvelle forme de monnaie.

Pour en savoir plus sur la Technocratie :

12. *L'A.B.C. de la technocratie*, Frank Arkright. (Hamish Hamilton.) 1933. is. td.

13. *Qu'est-ce que la technocratie ?* Allen Raymond. (McGraw Hill Book Co.) 1933. 65.

14. *Les ingénieurs et le système des prix.* Thorstein Veblen. 1921. Réimprimé par Viking Press, New York, 1934.

15. *L'économie de l'abondance.* Stewart Chase [Macmillan and Co., New York]. 1934.

Le livre orthodoxe le plus franc sur l'argent (du point de vue socialiste) est le suivant :

16. *Ce que tout le monde veut savoir sur l'argent.* G. D. H. Cole et huit autres. (Victor Gollancz, Ltd.) 1933. 5.

Un excellent compte-rendu des débuts de l'histoire de la "banque" et des conséquences des tentatives du gouvernement pour la réglementer :

17. *La justice industrielle par la réforme bancaire.* Henry Meulen. (R. J. James, Ltd.) 1917.

Deux livres sur le marasme actuel

18. *Pourquoi la crise ?* Lord Melchett. (V. Gollancz, Ltd.) 1931.

19. *La vérité sur le marasme.* A. N. Field. P.O. Box 154, Nelson, Nouvelle-Zélande. 1932. (Impression privée.)

On peut citer quelques-uns des nombreux écrits d'Arthur Kitson, le doyen des réformateurs monétaires britanniques :

20. *Une solution scientifique à la question de l'argent.* 1894.

21. *Un coin en or.* (P. S. King and Son.) 1904.

22. *Une norme frauduleuse.* (P. S. King and Son.) 1917.

23. *Le chômage. La cause et le remède.* (Cecil Palmer.) 1921.

24. *Le complot des banquiers qui a déclenché la crise mondiale,* (Elliot Stock.) 1933.

Enfin, une étude récente des doctrines de la nouvelle économie :

25. *L'idolâtrie moderne. Une analyse de l'usure et de la pathologie de la dette.* Jeffry Mark [Chatto et Windus]. 1934.

Autres titres

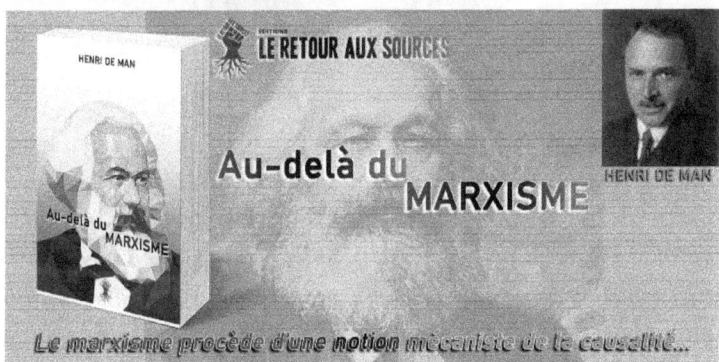

FRANÇOIS BELLIOT
L'ANTICONSPIRATIONNISME mis à nu à travers l'imposture
Rudy Reichstadt
ÉDITIONS
LE RETOUR AUX SOURCES
L'ANTICONSPIRATIONNISME
mis à nu à travers l'imposture
Rudy Reichstadt
FRANÇOIS
BELLIOT
il avait dès le départ de solides amitiés
dans les milieux sionistes...

FRANÇOIS BELLIOT
LE MASSACRE DE CHARLIE HEBDO
l'enquête impossible
ÉDITIONS
LE RETOUR AUX SOURCES
LE MASSACRE DE
CHARLIE HEBDO
l'enquête impossible
FRANÇOIS
BELLIOT
Une version officielle pleine d'anomalies...

ÉDITIONS
LE RETOUR AUX SOURCES
CIA
ORGANISATION CRIMINELLE
Comment l'agence corrompt
l'Amérique et le monde
Une analyse du rôle secret, mais fondamental,
de la CIA dans la quête de domination globale menée par les États-Unis...

ÉDITIONS
LE RETOUR AUX SOURCES
ZBIGNIEW BRZEZINSKI
VISION STRATÉGIQUE
L'AMÉRIQUE ET LA CRISE DU POUVOIR MONDIAL
Une expertise inégalée en matière de politique étrangère...

ÉDITIONS
LE RETOUR AUX SOURCES
JOSEPH TAINTER
L'EFFONDREMENT
des SOCIÉTÉS COMPLEXES
L'auteur passe en revue une vingtaine de cas d'effondrement...

ÉDITIONS
LE RETOUR AUX SOURCES
Stratediplo
Le quatrième cavalier
l'ère du coronavirus
Préface de Piero San Giorgio

ÉDITIONS
LE RETOUR AUX SOURCES

S'il est un livre qui va droit au cœur de tous les bouleversements que connaît le monde en ce moment, et qui explique ce que nous devons faire pour y mettre un terme, c'est bien celui-la.

PANDÉMIE ROUGE
LE CULTE MARXISTE MONDIAL
E. Connor

La question cruciale dans le monde d'aujourd'hui est l'endoctrinement marxiste

ÉDITIONS
LE RETOUR AUX SOURCES

La FEMME, sa vie sexuelle et AMOUREUSE

LE CLASSIQUE DE WILLIAM ROBINSON

"L'amour est une chose à part dans la vie d'un homme, Mais c'est toute l'existence d'une femme." BYRON

le livre que toute femme moderne devrait lire...

La FEMME, sa vie sexuelle et AMOUREUSE

La femme d'aujourd'hui a d'autres intérêts que ceux de l'Amour...

ÉDITIONS
LE RETOUR AUX SOURCES

Le temps est venu pour un tel livre d'attirer l'attention des médecins...

UNE VIE SEXUELLE SAINE ET ÉQUILIBRÉE

UNE VIE SEXUELLE SAINE ET ÉQUILIBRÉE

... ils n'ont jamais appris le sexe. Ils n'en ont jamais compris les fondements...

www.ingramcontent.com/pod-product-compliance
Lightning Source LLC
Chambersburg PA
CBHW070309200326
41518CB00010B/1942